知識ゼロ、資産ゼロから始める

誰も教えてくれない

不動産投資

細川勝矢

JN077086

SOGO HOREI PUBLISHING CO., LTD

はじめに

皆さん、はじめまして。細川勝矢と申します。

僕は、愛知県海部郡蟹江町で「株式会社不動産ＳＯＳ」という不動産会社を経営しています（２０２３年現在）。２００８年に創業し、現在は愛知県全域をはじめ、三重県、岐阜県と東海エリアのさまざまな不動産を取り扱っています。

皆さんは、不動産にどんな印象をお持ちですか？

多くの方は、マイホームや現在住んでいるマンションやアパートを連想されるかと思います。また相続が発生した方は、相続した親の不動産をイメージされるかもしれません。

しかし、不動産は「住む」だけではありません。他人に「貸す」ことで、毎月の定収入（家賃収入）を得ることができますし、不動産を売却すれば、まとまったお金を手にすることもできます。不動産は見方を変えれば、自分の資産を増やす手段の一つとしても考えられるのです。

僕の初めての不動産投資は、中古の格安のワンルームマンションで価格は210万円です。家賃3万円で他人に貸したので、利回りは17・14％でした。銀行に預けておくよりもはるかに高い利回りです。それだけではありません。不動産は売りたい人と買いたい人が1対1で取引する相対取引で、「定価」というものが存在しない商品です。

「その物件（不動産）を買いたい」「この物件を売りたい」というニーズがあれば、当事者間で価格が決まります。これは、うまくニーズをつかめば、自分が買った価格よりも、高く売れる可能性があるということです。

僕は家賃収入を得ながら、一方で売却することを考えました。近くにお住まいの自営業の方が空室になったら事務所として利用するので購入したいという相談があり、

1年後に300万円で売却することができました。

売却益は90万円、1年間の家賃収入は36万円でしたので、1年間で126万円を得ることができました。僕の経験した不動産投資は、不動産業を営んでいるからということでもなく、レアケースでもなんでもなく、誰でもその気になればできることです。

この経験によって、着実に資産形成を目指すなら、不動産投資しかないということを体験的に学びました。

戦争や物価高、老後の生活資金の不足など、僕たちを取り巻く状況は、ますます混沌として不透明です。

不安が多い時代だからこそ、守りの資産である不動産を持つことを僕はオススメしたいと思っています。どんなに古くても、どんなに小さくても不動産を持っていれば、老後、住む場所がなくなるという心配からは確実に解放されます。

もちろん、それだけではありません。その不動産を他人に貸したり、売却したりすることで、いざというときにまとまった資金も得ることができるのです。不動産を持っていたことで、苦しい経済状況を改善することができた人もいます。

今、不安だという人は、不動産を所有してお金を得てみるということにチャレンジしてもいいのではないかと思っています。

そのときに必要になるのが不動産の知識です。不動産の知識は法律が関わるので、難しいと感じる人が多いのですが、そんなに難しいことはありません。もっと言えば、不動産の正しい知識を持つことは、とてもメリットが多いです。

本書では、あなたと、あなたの身近な人を幸せにするための不動産の知識や僕の経験談、不動産で利益を出すための考え方を余すところなく紹介します。不動産で明るく、豊かな人生を送るために、ぜひご一読下さい。

２０２３年11月

細川　勝矢

CONTENTS

第4章

物件を魅力的なものにする（レベル3）

～変わらないのは過去と他人、変えられるのは未来と自分。

第5章

収益が上がったら2軒目を買う（レベル4）

～挑戦しないことを失敗しない確率100％という人がいるけど、それは違う。挑戦しないということは、成功する確率が0％と解釈するべきだ。

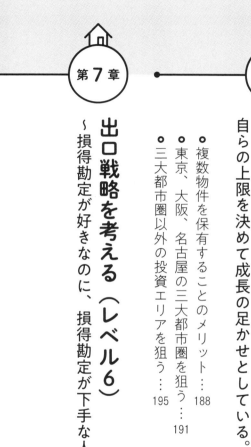

第8章

一流の不動産人《びと》になる（レベル7）

～君の残りの人生を不動産で人の役に立つために使ってほしい！

装丁・本文デザイン　別府拓　奥平菜月（Q.design）
DTP・図表　横内俊彦
校正　髙橋宏昌
編集協力　和泉涼子

プロローグ

なぜ、これからの時代は投資をしなければならないのか？

不動産投資の成功思考

問題が問題なのではない。問題を認識していながら何もしないことが問題なのだ。

給料の約半分は税金や社会保障で取られる

本書を読んでいる方は、今は大変でも、将来はちょっと余裕をもって、自分のやりたいことや理想の人生を生きてみたいと考えている方もいらっしゃるかもしれません。そのために、どうしても必要になってくるのがお金です。これまでは、預貯金や年金でなんとかなりそうだという目算を立てていた人も少なくなかったでしょう。しかし、これからは、投資のことも本格的に考えなければならない時代に入ってきたと僕は考えています。

投資をするためには資金も必要ですし、リスクも伴います。リスクを負ってまで投資をしなくても済むのであればする必要はないのかもしれません。しかし、今後は投資をしなければ、生活が苦しくなっていくという状況をぜひ知ってもらいたいです。

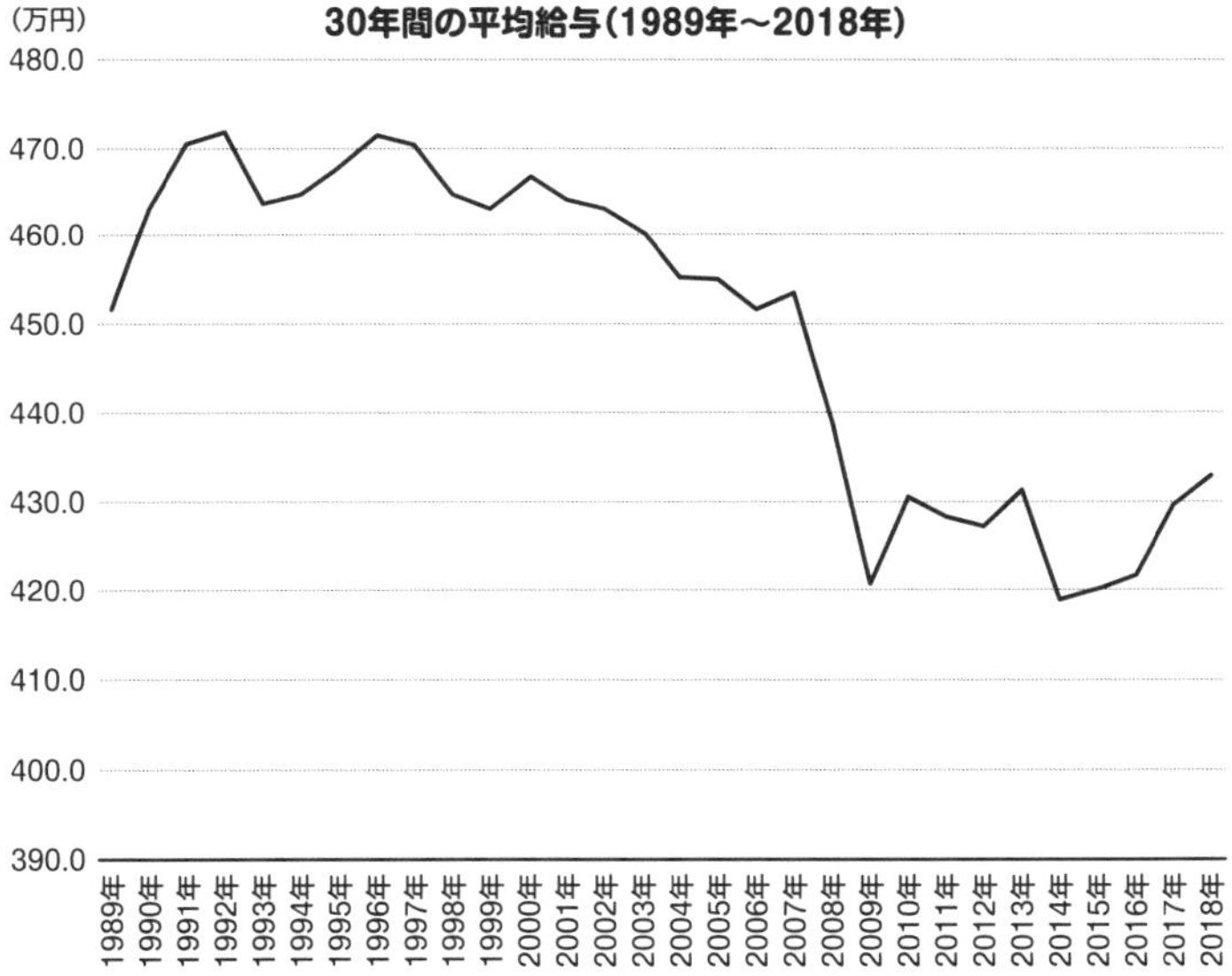

資料：厚生労働省政策統括官付政策立案・評価担当参事官室において、国税庁「民間給与実態統計調査」のうち、1年勤続者の平均給与を2015年基準の消費者物価指数（持ち家の帰属家賃を除く総合）で補正した。

まず、手取りの収入の面から見ていきましょう。皆さんは、お給料は上がっていますか？　ボーナスは増えていますか？

上の図は、厚生労働省が公表したデータです。グラフでは、１９８９年〜２０１８年までの平均給与の推移を表わしています。日本人の給与は１９９２年あたりをピークに緩やかに下がっており、その後、下げ止まったままです。

一方で、健康保険や年金など社会保険料は上がっています。日本は累進課税の国で、税金も社会保険料も収入に合わせて上がっていきます。このため、年収が増えている人でも、負担が大きくなり、給与は上がっているのに、天引きされる金額が大きすぎて、なぜか手取り収入が増えていない、という人が多くいらっしゃるのです。ちなみに、財務省が発表している租税負担率と社会保障負担率を合計した国民負担率は46・5％にも達しています。さらに財政赤字分を組み入れると56・9％です。

給料が下げ止まっていて、一方で税金や社会保険料が増えているということは、手取りが少なくなるということです。なかなか手元にお金を残しづらい状況になっています。

物価高や円安の影響も大きい

しかし、そんな僕たちにさらなる苦難が襲いかかってきています。それが**物価高です。**ロシアのウクライナ侵攻の影響で、２０２３年11月現在、全世界で物価が高騰しています。原材料価格の高騰や、運送費の上昇などで、多くの企業が値上げに踏み切っています。

特にウクライナは、世界でも有数の小麦の輸出国。**パンやパスタなど僕たちの生活に直結する食料品が軒並み値上がりしています。**また、それまでヨーロッパにエネルギーを輸出していたロシアが、供給を止めたことで、世界のエネルギー需給のバランスが大きく崩れました。そして、その影響で電気やガスなどのエネルギーも値上げが続いています。これまで節約でなんとか手元にお金を残していた人たちも、今後は、ますます厳しい状況に追い込まれていく可能性があるのです。

さらに円安が日本の経済をボディブローのように痛め、体力を奪っていきます。海外旅行にさえ行かなければ、円安なんて関係ないと思う方も多いかもしれません。しかし、**円安は輸入品の価格が上がることに直結します。**生活用品だけでなく、日本の基幹産業の原材料の多くは輸入品です。企業の調達費用が高くなれば高くなるほど、最終的に商品にその価格が跳ね返ってきます。それは僕たちの身近な商品の値上げを意味します。このように支出が増える要素ばかりなのです。

今後も支出が増えることが予測されるのに、給料が下げ止まっていれば、手元に残るお金はさらに少なくなります。働けているうちは、給料が入るので手元にお金が残らなくても、普通に生活することはできるでしょう。しかし、定年後はどうすればいいのでしょうか。貯蓄ができないギリギリの生活では、将来にも不安が募ります。

預貯金だけでは物価高や円安に対応できない

老後やいざというときの貯蓄も、ちょっと考え方を変えなければいけません。日本人は高度成長期に国を挙げて預貯金を奨励していました。**この名残なのか、日本は資産を預貯金で保有している人が多いのです。**

日本銀行が発表した調査報告（２０２０年）では、日本人の資産保有の割合は54・2％が預貯金で占められています。アメリカのそれの割合は、13・7％にしか過ぎません。アメリカにも公的年金制度が存在していますが、毎年、年金の支払額が税金で賄いきれずに、元本資産を切り崩しています。このため、２０３４年には公的年金そのものが、破綻するのではないかと考えられています。このような事情があるので、アメリカ人はほとんどの人が公的年金をあてにしていません。公的年金の代わりに、

日米の家計の金融資産構成

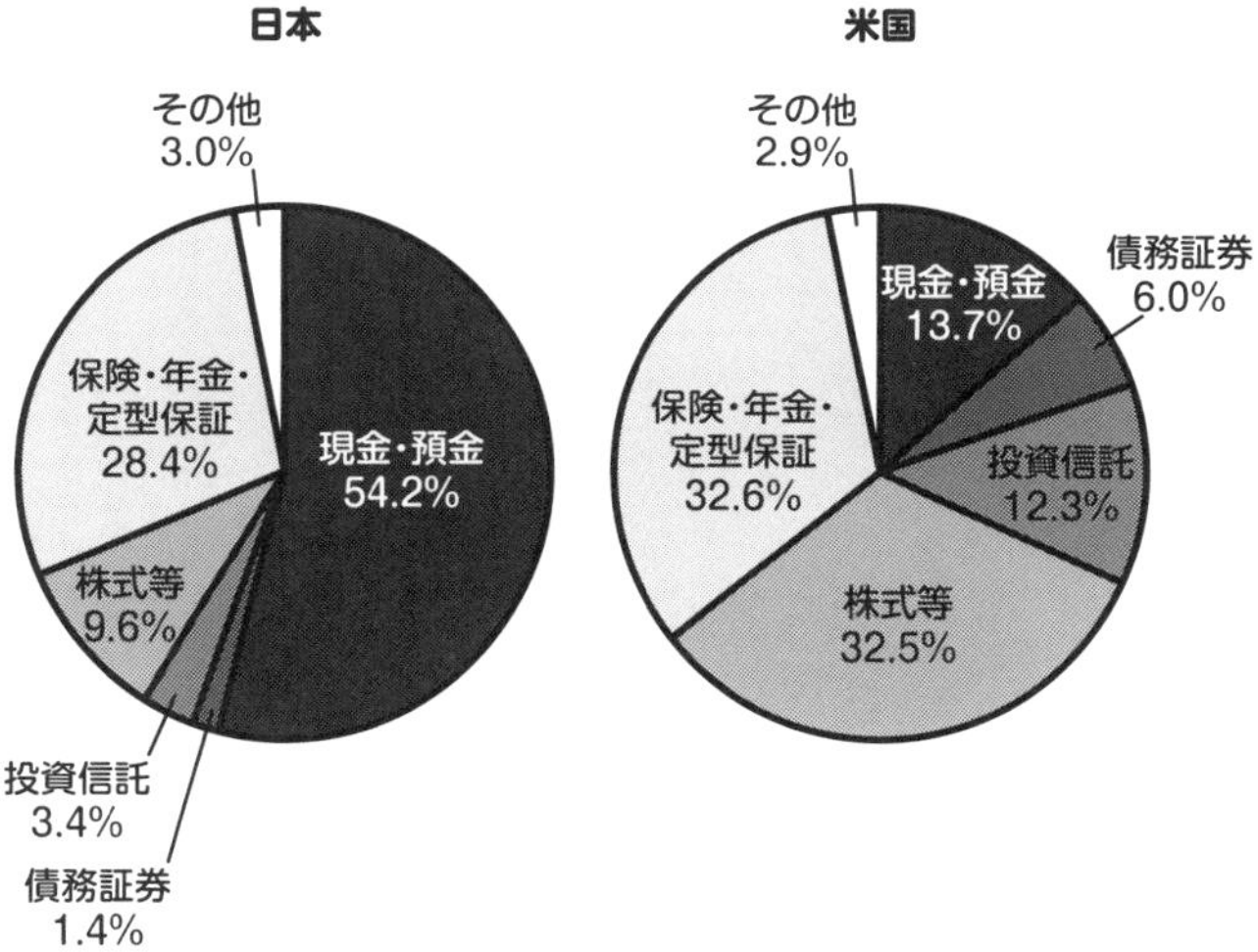

出典：日本銀行調査統計局『資金循環の日米比較研究』（2020年8月21日発行）

自分で将来の資産を作ろうと株式や投資信託、保険、私的年金などに自分の資産を振り分けているのです。

一方、日本はどうでしょうか？日本でも公的年金制度の破綻もうわさされていますが、公的年金制度の見直しなどで、現状は維持できています。公的年金制度があるため、あえてリスクを取って運用しようとは思わないのかもしれません。**このため、自分の資産を預貯金で保有している人が、アメリカの4倍近くいます。**

ここで、先ほどの物価高や円安の話を思い出して下さい。銀行の普通預金に1万円預けるとしましょう。極端な例ですが、10年後、仮に円の価値が現在の半分になり、物価が倍になったとしましょう。150円で買えていたジュースが、300円出さないと買えなくなります。銀行の金利はほぼゼロですから、10年後も預けた1万円は1万円でしかありません。しかし、物価は倍に上がっていますから、銀行に預けている1万円の価値は実質的に半分になってしまうのです。お金が増えないところに預けていると、**周囲の経済状況によって、預けているお金が実質的に減ってしまうということがあるのです。**

年間379万円の生活で満足できますか？

加えて年金の支給額の問題もあります。会社員を辞めた後の定収入は多くの人が年金に頼ることになります。会社員の方でしたら、「国民年金」と「厚生年金」の二階建ての年金がメインとなり、会社によっては企業年金に加入していたり、自分で私的年金などにも加入していたりするケースもあるでしょう。

「国民年金」は令和5年からの年金額は67歳以下の人で年額79万5000円、68歳以上の人で79万2600円が満額となります。一方、「厚生年金」は、加入者の収入によって支払う保険料も異なり、受給できる年金額も人それぞれです。ただ、保険料の設定に上限があるため、現役時代に収入が多かった人でも、年金受給額は年間で約300万円が上限であるといわれています。

しかし、この300万円の条件に達する人は、現在の計算方法では、中学を卒業してから70歳までずっと会社員か公務員で、給与と賞与の等級がずっと上限という人でないと当てはまらないようです。普通に考えてそんな人はいませんので、当てはまる人はいないと思っていて下さい。つまり、今の計算方法では、「国民年金」と「厚生年金」の両方を合わせたとしても、年間の受給額の合計は最大で約379万円、月額ベースで約31万円ということです。しかも、この金額をもらえる条件に該当する人は極々まれですので、ほとんど全員がこの金額よりも下回るといっても過言ではないでしょう。

企業型確定拠出年金や私的年金、iDeCoなどを利用すれば、月々もらえるお金を増やすこともできますが、それも、拠出の金額や開始した年齢、運用の結果によってもらえる金額が決まってしまいます。

つまり、運用次第では拠出した合計額よりもマイナスとなるケースも考えられます。

ここまでの説明で、定年後の年金についてどのような印象を持たれましたか？　正直言って、「少ない」という印象を抱いた人が多いと思います。年金だけではとても悠々自適な生活を送るのは難しいといえるでしょう。

退職金も期待できない時代

まとまった老後資金の確保を考えた時に、もう一つ欠かせないものは「退職金」です。しかしながら、最近では、退職金がそもそもないという会社も当たり前になってきました。定年まで一生、同じ会社で勤め上げるという人は約3割しかいません。

誰もが転職を経験するのが当たり前の時代にあっては、**もらえる退職金も以前に比べて少なくなっています。**

退職金に頼ることができないのであれば、長く働けばいいという考えもあると思います。実際に定年退職の年齢も70歳まで引き上げられていますので、思ったよりも長く働くことができそうです。しかし、70歳近くになっても元気に働くことができる状態でいられるでしょうか。思ったよりも元気で長く働くことができるかもしれませんが、その時の自分の体調が予測できないため、想定よりも働ける期間が短くなってしまうこともあるかもしれません。自分が何歳まで働くことができるのか、誰にもわからないのです。

副業や起業で足りない分を補てんができるか？

すぐにでも、生活防衛のための収入を増やす対策を打つべきですが、どこから手を付けたらいいのか、何をしたらいいのかわからないという方も多いでしょう。収入を得る方法は副業や起業なども考えられます。

しかし、本書を読んでいる読者の方の中には、働き盛りの世代の方も多いと思います。副業をするといっても、副業の時間を確保することが難しいという人もいるのではないでしょうか。仮に時間を確保できても、時間通りに終わる副業でしたら問題ありませんが、時間通りに終わらない副業もあるかもしれません。自分の身体を休めるための時間を削って、調整しなければなりません。本業への影響が避けられないこともあります。

一方、起業は何をすればいいのかわからない、という人も多いでしょう。そもそも何で売り上げを確保すればいいのか、起業ネタを探す段階でつまづいてしまう人も少なくありません。

インターネットを見れば、「スキマ時間を活用して、起業で儲けましょう」という、うまい話がありますが、まったく経験もノウハウもないなかで、成功するとは思えません。そういうお話の中には高額の入会金を取って、結局収入にならないというところもあり、簡単に手を出すことはできません。

生活を守るためのお金の考え方

生活を守るためのお金の考え方は、イチかバチかで大きく当てるということではなく、**過去に実績のある資産を増やすことができる方法を選ぶことです。**やはり基本となるのは株や債券、投資信託、不動産などの、昔からある投資でしょう。ただ、向き、不向きがあると思いますので、自分の性格やライフスタイル、余裕資金の額などを考えて投資をするのが賢明です。

僕はかつて将来の資産作りに株式投資を利用していたことがありました。ところが、ライブドア事件やリーマンショックが発生したあおりを受けて、投資したお金が3分の1になってしまいました。

株や投資信託は買った時の価格より高く売らないと利益がでません。ところが、投資用不動産（収益物件）の場合、買った時より売った時のほうが安かったとしても、利益が出る場合があります。たとえば、1000万で買った物件を5年後900万で売ったとした場合単純に考えると100万の赤字ですが、もしこの物件が年間100万の家賃収入が入る物件だとしたら、5年間で500万の家賃が入る訳ですから、売却損の100万を考慮しても、差し引き400万のプラスになります。売却自体は損が出ていますので、そちらは税金もかかりません。わずかな配当しか期待できない株よりはずいぶん安全な投資であると私は考えています。

（本書はシンプルに投資を知ってもらうために、細かな経費や税金は割愛してあります）。

不動産投資と株式投資の違い

生活を守るためのお金を維持して増やしていくためには、自分の大切な資産を「大きく目減りさせない」というのが原則です。

今後の経済状況を考えれば、預貯金一本で自分の資産を保有するのは、難しいことになるでしょう。預貯金以外の金融商品を検討し、預貯金と組み合わせながら、預貯金が目減りした分を補てんしていかなければなりません。

そのための金融商品には、さまざまなものが存在します。しかし、得られるリターンと被るリスクは相関の関係にあります。相関とは一方が上がれば、他方も上がり、一方が下がれば、他方も下がる、という関係です。

つまり、リターンが上がれば、リスクも上がり、リスクが下がれば、リターンも下がる、ということです。ハイリスク・ハイリターンの代表格は株です。大きく稼げることもありますが、他方で大きく損してしまうこともあります。ローリスク・ローリターンの代表格は預貯金や債券です。得られるリターンは少ないものの、損することも少ないのです。ちなみに、「少ないリスクで大きな収益を得られる（ローリスク・ハイリターン）の金融商品があります！」と誰かから勧められても投資しないように気をつけましょう。さて、そんな調子のいい話はありません。不動産投資は、リスクとリターンの関係で見れば、どこに相当するのでしょうか？　一般に不動産投資はミドルリスク・ミドルリターンだといわれています。

株とは異なり、外部要因に影響されにくいのが不動産投資です。投資には、**資産そ**

のものを売却して利益を得る「キャピタルゲイン」と**資産を持つことで収益を得る「インカムゲイン」の2つがあります。**先程、申し上げたように、その2つのどちらの方法でも収益を上げられることが不動産投資の魅力です。もちろん、株にも株を売ることで得られる「キャピタルゲイン」と株を持っていることで得られる配当金や株主優待の「インカムゲイン」があります。しかし、株で得られるインカムゲインはあまりにも弱すぎるのです。

株の場合、価格が乱高下するため、株価が大きく下がると、インカムゲインの配当金や株主優待を合わせても、マイナスになってしまうことはよくあるのです。しかし、不動産投資は物件の価格が急激に下がるということはよっぽどでないかぎりありません。また、所有している不動産が土地だけだったら、槍が降ろうが、地震が起きようが、火山が噴火しようがどんな天災が訪れても、価値がゼロになることはありません。ところが株は企業が倒産すれば紙くずになってしまう可能性があるのです。

また、インカムゲインである家賃は急激に変化することはなく、ほとんど一定です。**たとえば、日経平均株価と平均家賃を比較してみるとわかります。日経平均株価は乱高下していますが、都内ワンルームの平均家賃はほとんど変わりません。**家賃価格が

リスクとリターンの関係（イメージ）

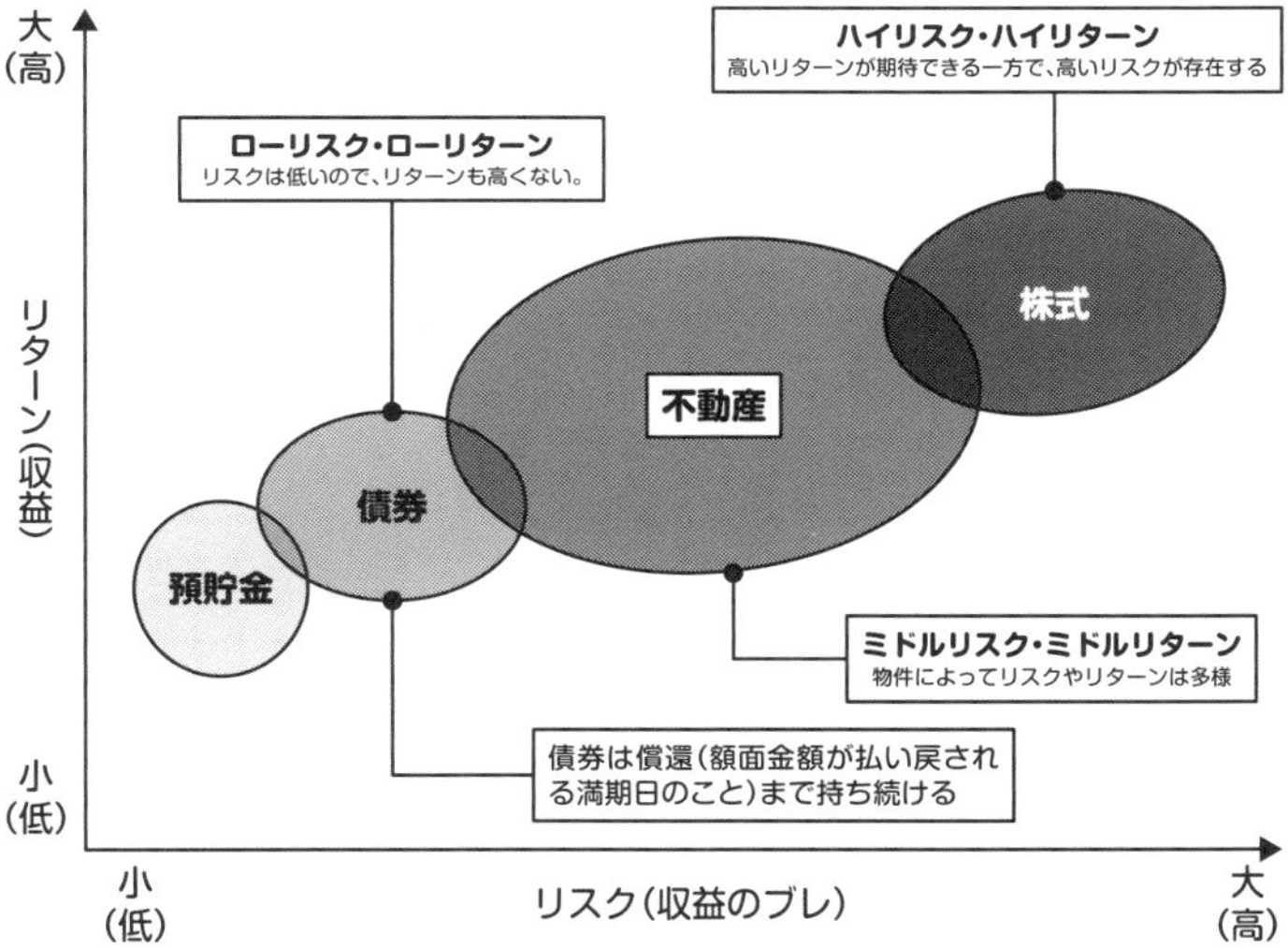

一定なので、このため、預貯金のように何年後には、いくらの収入を得ることができると、ある程度、予測できることも魅力です。しかし、株の場合は企業の業績によって配当金がゼロになることは珍しくありません。しかも、配当金ゼロのときには、だいたい株価自体も下がっていることも多いので、ダブルで損をかぶることになります。

株式投資は精神的にすり減る可能性がある

そして、株はゼロサムゲームです。誰かが勝てば、その裏で誰かが必ず負けているというしくみなのです。最後に大負けして、大損をしないように常に気を張っていなければなりません。

さらに脳の一番嫌がることは、「損」をすることです。僕が株式投資に取り組んでいた時は、仕事中も株価が気になってチェックしてしまうということがしょっちゅうでした。特に、株式相場が下がっている時は気になってしかたがなくて、本業が手に付かなくなるという事態に陥ってしまったのです。**株価は下がるときには、数時間で1割も2割も下がることがあります。**

株価が数時間でストップ安になるような時は、本当にジェットコースターのように真っ逆さまに下がるので、ちょっと怖いと感じることもあります。いずれ反発して、価格が元に戻るかもしれませんが、それがいつになるかは誰にもわからないのです。出社した時は大丈夫だったのに、お昼ぐらいになって大切なお金が半分になっていたら、あなただったらどうしますか？

自分のお金が心配で心配で、恐らく午後の仕事が手に付かなくなるでしょう。そして、そもそも、そのように感じる人には、株は向いていないのです。

僕もそうです。仕事を真面目にやっていたほうが、少なくても手元に残るし、1日中、株のことを考えなくてはならないのは、効率が悪いと考え、スパッとやめる決意をしました。損をしていたので踏ん切りがつきませんでしたが、ここでやめておかないと、仕事までダメになると思い、思い切って気持ちを断ち切ったのです。

もちろん不動産投資にもデメリットはある

だからといって、あらゆる面で不動産投資が良いということを言いたい訳ではありません。投資ですからデメリットもありますし、リスクも存在します。

株にもメリットはあり、数万円や数十万円という少資本でもはじめることができます。しかも、株式投資ですと、まれに投資額の何十倍、何百倍も利益を生む場合がありますが、不動産投資においてはそれはまずありません。それに引き換え、不動産投資は多くの資金が必要となります。現金を用意するか、融資を受けて数百万円や数千万円、時には億単位の資金を調達する必要があります。

不動産価格の推移

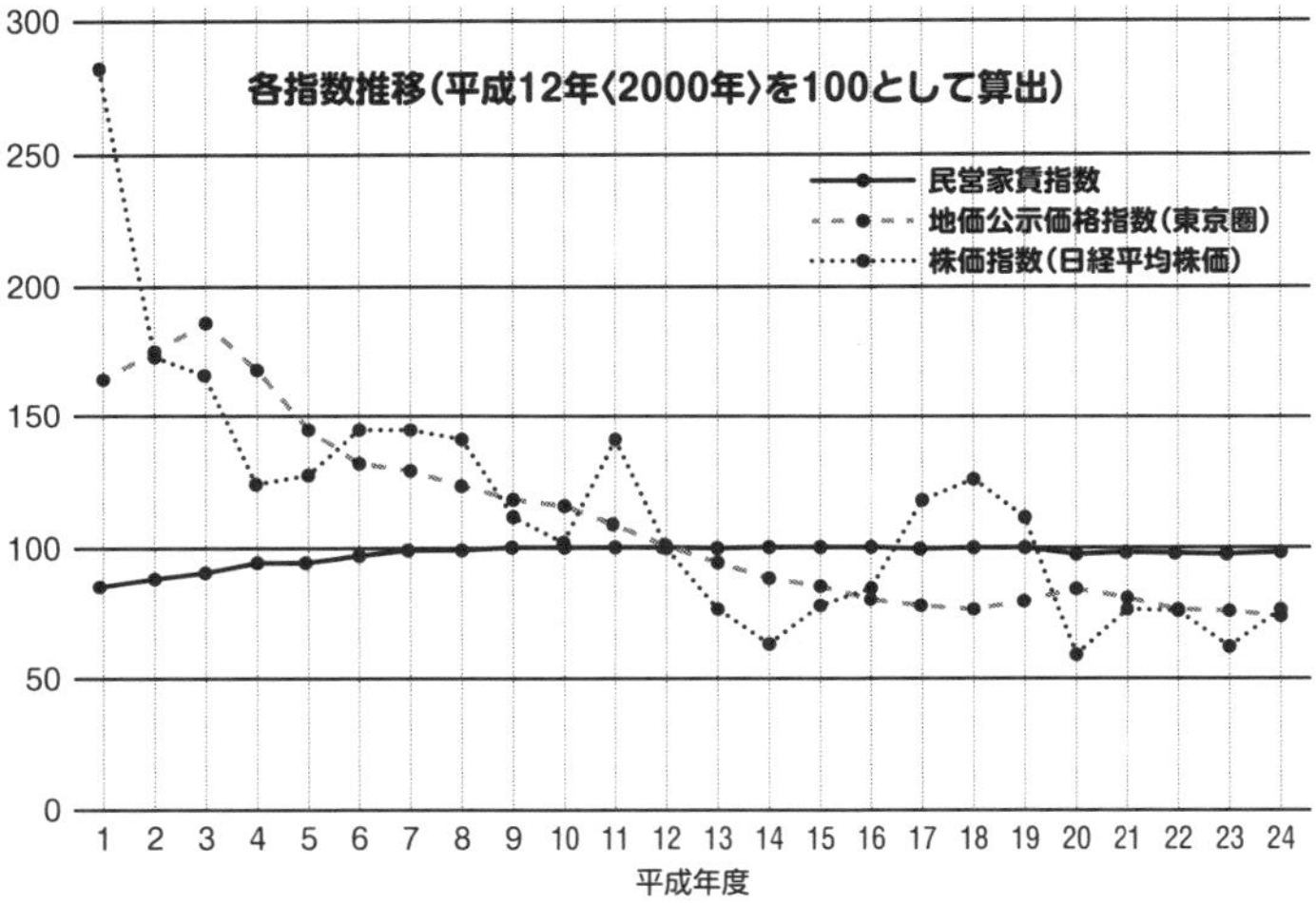

出典：総務省消費者物価指数、国土交通省、公示地価、日経平均株価より加工作成

そして何より、**不動産投資の最大のリスクは入居者がつかない可能性もあるということです。**入居者がいないということは、家賃収入が断たれるということです。先ほど、不動産投資はミドルリスク・ミドルリターンと申し上げましたが、入居者が長期間つかなかったら、場合によってはリスクが上がることもありえます。

複数の不動産を保有している人や、現金で不動産を購入した人であれば、毎月の家賃収入が一時的に断たれても、なんとかなります。しかし、融資を受けて不動産投資をしている人は、そうはいきません。家賃収入がない間は、自分でローンの返済をしなければならなくなってしまいます。そういうことがないように、入居需要のあるエリアで物件を買わなければいけませんし、入居者をつけてくれる不動産業者との協力体制を築いておく必要があります。このようにして、リスクを減らし、リターンを増やしていくことも不動産投資の魅力です。

数字に表れにくい物件の強みと弱みを実感できる

株式投資よりも不動産投資がより良いと思うのは、**自分の力で商品の魅力を最大限に引き出すことができるという点です。**

株はどこかの会社に投資をするわけですが、会社が出している財務諸表を調べて、数字としてその会社の全体像を把握することはできても、その会社に自分がいるわけではありません。つまり、数字からうかがい知れない、これから良くなる兆候や悪くなる兆候がわかるとか、本当の良さや悪さは判断できません。

ところが、不動産投資は違います。

たとえば、僕が故郷の淡路島のどこかの物件を買うとしましょう。僕は子どもの頃から淡路島で育ってきたので、淡路島の地域ごとの強みや弱みはよくわかる訳です。この地域だったら、近くにスーパーがあるとか、交通の便が良いとか、自然環境に恵まれているとか、その地域の良さを他の人に120%伝えられる自信があります。皆さんも同じではないでしょうか。

現在、自分の住んでいる地域や過去に家族と住んでいた地域のことは誰もが把握しているはずです。そこで、物件を買うとしたら、どこそこが住みやすいとか、便利だとかいうことが誰に教えられることなく理解できるはずです。また、大きな通りを挟むと急に寂しくなるとか、治安が悪くなるなど、物件の弱みも自然と理解できるはずです。強みや弱みを人に伝えることも難しくはないでしょう。ということは、仕入れる物件も間違いが減りますし、購入した物件の良さも的確にお客様に伝えることが出来るわけですから、株よりも勝てる可能性が高いような気がします。自分が上手に物件の良さを伝えられる地域の不動産を買うのであれば、**その物件のポテンシャルを伸ばして、空室を出さずに、着実に収益を上げていけるはずです。**

不動産投資で人生が変わった

トマ・ピケティというフランスの経済学者がいます。この人は『21世紀の資本』という本を著し、とても有名になった方です。一時期はノーベル経済学賞を受賞するのではと注目されていました。残念ながら受賞はできませんでしたが、なぜ、この本が注目されたのでしょうか。

彼の分析した結果が、とても衝撃的な内容だったからです。さまざまな経済に関する膨大な過去200年以上のなデータを分析した結果、**「株式や不動産（資産）の利益は、働いて得られる利益（給与所得など）を常に上回る」**という事実でした。特に日本の現状の経済成長率（次ページの図）では、どんなに高い給与収入を得ていても、株式や不動産の儲けのスピードに勝つことはできない、ということを経済学の計算によって証明してしまったのです。

90年代以降株式や不動産の収入（資本経常利益率）は、給与（経済成長率）を上回る

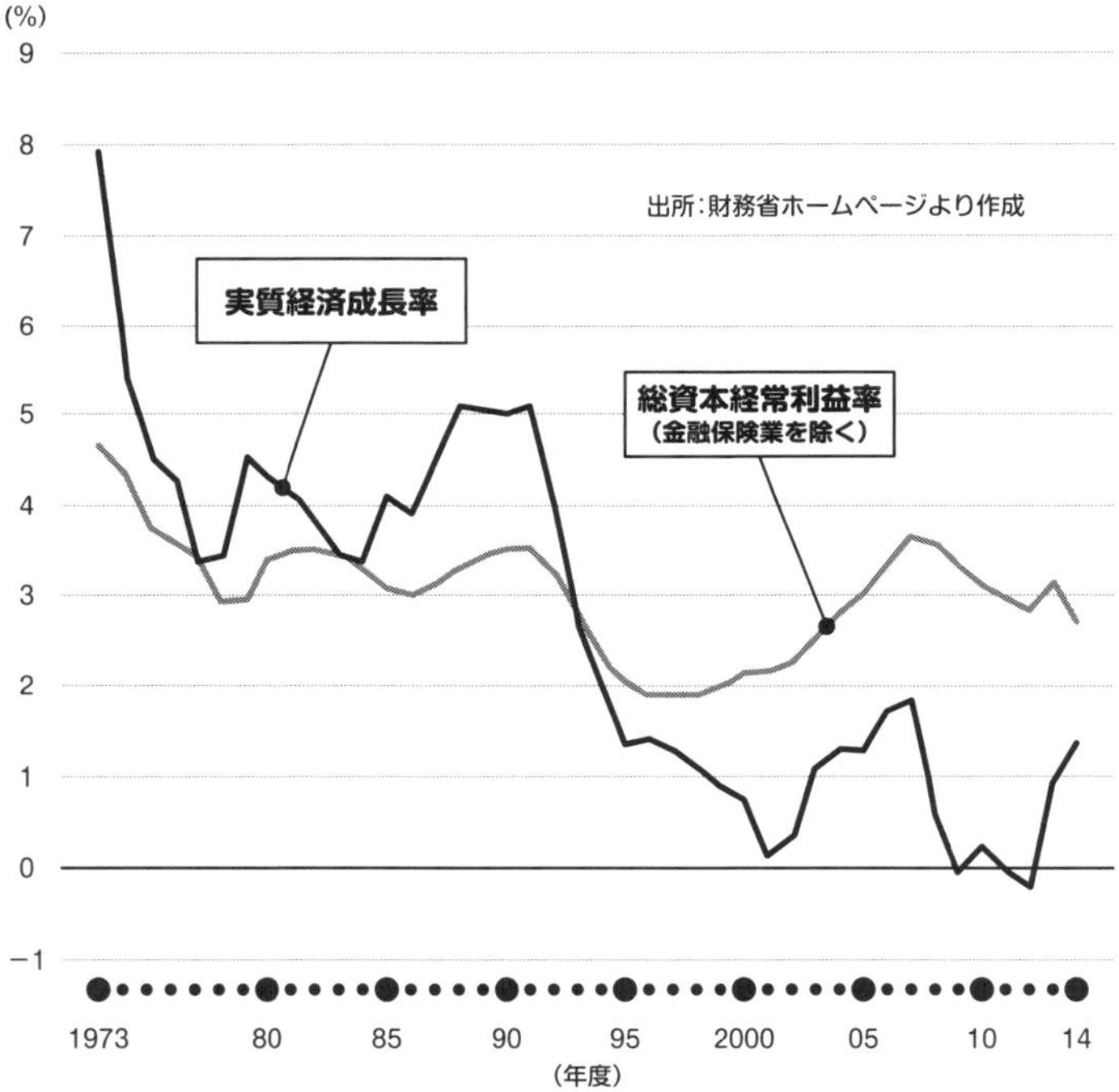

彼はこれによって、現在、全世界で生まれている経済格差のしくみを分析したのですが、逆を言えば、資産を持ってさえいれば、給料を補てんしたり、生活を防衛したりするための資産としても使える、ということです。

そして不動産は資産です。この資産を持っていることで、人生を劇的に変えた人の事例を紹介しましょう。

僕のお客様で50代の女性

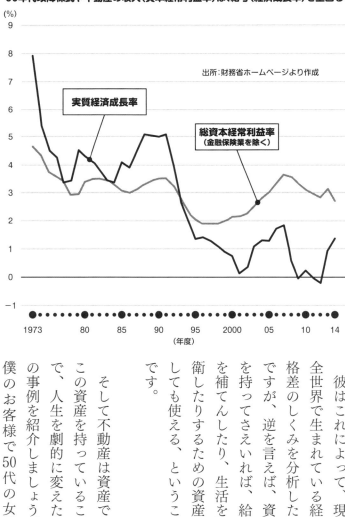

です。

その方はご自宅から車で10分の最寄りの駅に駐車場を借りて、名古屋に通われています。家から会社までは、車↓ＪＲ↓地下鉄↓徒歩で片道1時間半、往復で3時間もかかっていました。

彼女の自宅は４ＬＤＫの戸建てで、お母さんと娘さんの3人で住んでいました。お母さんは施設に入ることが決まり、娘さんも一人暮らしをすることになり、一人で戸建てに住むことになりました。

彼女のお仕事は名古屋の繁華街にあるアパレルショップのスタッフで、1日中立ち仕事。給料は上がらないのに、毎月の駐車場代や車の維持費、ガソリン代がかさみ、手元に残るお金はとても少なくなっていました。彼女の自宅は毎月5万円のローンが残っており、計算すると退職してもローンの残債が払いきれないことがわかったのです。彼女は休みの日にアルバイトまでして、ずっと働き詰めで、疲労のピークに達していました。

僕はそんな時に、彼女から相談を受けました。ご自宅には執着はないということでしたので、僕は彼女の自宅を月10万5０００円で貸し出すことを提案しました。自宅を貸した家賃収入で毎月のローンの返済と生活費を生み出そうと考えたのです。毎月のローンは5万円ですから、家賃収入の残りは5万5０００円です。それで、会社の近くのアパートを6万5０００円で借りました。差し引き1万円の負担は避けられませんでしたが、それでも、通勤時間や車の維持費を大幅に削減することができました。通勤時間は往復で3時間かかっていたのですが、会社の近くにアパートを借りることで、20分に短縮されました。さらに、車を手放して、駐車場も解約しました。車の維持費を節約することによって、１万円の住居費用を捻出することができました。

彼女は働けなくなった後のローンの残債の心配、貯金ができないという悩み、休みが取れないための疲労などもろもろネックがありましたが、不動産投資のおかげでそのすべてを一気に解消することができました。さらに、通勤時間が減ったことで、自分の時間を持つことができ、現在では悠々自適に生活しているといいます。

彼女は不動産を持っていたからこそ、人生を思い通りの方向に転換させることができたといえ、このエピソードは不動産を持つことの大きさを如実に物語っています。不動産を持つことで、時には人生の軌道を修正することすらできるのです。

このように不動産投資は、やり方によって、お金だけではなくて、自分の自由になる時間をも生み出してくれる、素晴らしい投資対象なのです。

不動産を所有していても、彼女のように使い方を間違えると、苦しむことになります。**しかし、不動産を正しく使うことができれば、自分の思い通りの豊かな生活を実現することができます。**本書を読んでいる皆さんには、不動産を正しく使えるセンスをぜひ学んでいただきたいと思います。

それでは次章からは、不動産投資の魅力をさらに紐解いていきましょう。

第1章

不動産投資を始める前に

不動産投資の成功思考

やるなら早いほうがいい。人生は有限なのだから。

不動産投資のポイント

不動産投資のことを説明する前に、特に皆さんに知っておいてほしい不動産投資の3つのポイントを紹介しましょう。

①他人（金融機関）から借りたお金で投資（購入）できる

不動産投資が株やFX、投資信託などと異なるのは、**不動産事業という実業**であるという点です。きちんとしたビジネスですので、毎月、いくらの家賃収入が見込めるなどの収益性が認められれば、金融機関から融資を受けて収益を上げることができます。

ところが、株やFX、投資信託は融資を受けて、投資することはできません。つまり、不動産投資のメリットの一つは、他人の資本を活用して、投資ができることでしょう。

②他人（賃借人）からもらうお金（家賃）で借入金の返済ができる

ローン（借入金）の返済は、入居者からの家賃収入で返済します。**自分で返済せずに、他人のお金で返済できるというのも魅力です。**もちろん、入居者がいない場合には、家賃を得ることができません。借入金の返済は毎月行わなければならないので、最悪、自腹を切って、借入金を返済しなければなりません。これが不動産投資の最大のリスクともいえます。だからこそ、購入した物件を魅力的にして、より多くの人に入居してもらうことが大切なのです。

③不要になったらいつでも売ることができる

不動産は資産ですから、いらなくなったら、好きなときに売ればいいのです。仮に買ったときよりも、安くしか売れなかったとしても、家賃収入の総額が、売却をしたときの損失を上回っていれば良いだけなので問題ありません。そのため、株などと比べて、損失が出にくいということがいえるでしょう。

利益が出るタイミングまで売らなければ負けない

投資は、そのとき自分が持っているお金（自己資金）を投じてスタートします。しかし、その投資が成功か失敗かは、**投資金額を回収したときの物価に大きな影響を受けるということを考えていない人も少なくないようです。**いくら投資で収益が出ていても、物価が上がった分だけ収益が目減りしていたら、リスクを取って投資している意味がありません。

たとえば、100万円でハンバーガーが1万個（1個100円）買える時代に100万円で投資をスタートして、10年後にその100万円が130万円に増えたとします。しかし、ハンバーガーの値段が1個150円になっていたら、130万円でハンバーガーは8666個しか買えません。実質は損をしているのです。

不動産投資の場合、家賃も売却額も物価の上昇とともに上がる傾向があるので、物価上昇の局面でも損をしにくいというメリットがあります。他の投資は利益を確定したときの経済状況に影響を受けるので、そのときのことを織り込んで投資しなければならず、利益を出すのが難しいこともあります。

一方で建物が老朽化するため、不動産を買うときよりも、売るときのほうが安くなる可能性が高くなります。そのときには、売却できそうな金額と売却までの期間の家賃収入をプラスして、売却希望金額を計算してみて下さい。家賃収入を考慮に入れて損をするということであれば、売らなければよいのです。売却して利益が出るようになるまで、待っていれば損はしません。

所有している間も入居者がいれば、着実に家賃は入ります。そうやって、売れるタイミングを狙っていればいいのです。

不動産投資は早く始めれば、始めるほどよい

この章では、これから不動産投資を始めてみたい、という人に不動産投資の初歩の初歩を紹介していきます。冒頭に不動産投資の成功思考を書きました。「やるなら早いほうがいい。人生は有限なのだから。」です。

なぜ、このようなことを言うのかというと、僕は資産作りは、早く始めれば早く始められるほど、後々のメリットが大きくなる、ということがわかっているからです。次のイメージ図を見て下さい。縦軸は総資産額、横軸は年齢です。図を見ていただければわかるように、始める年齢が早ければ早いほど総資産額が大きいことがわかります。

100歳で投資をやめた場合の総資産額

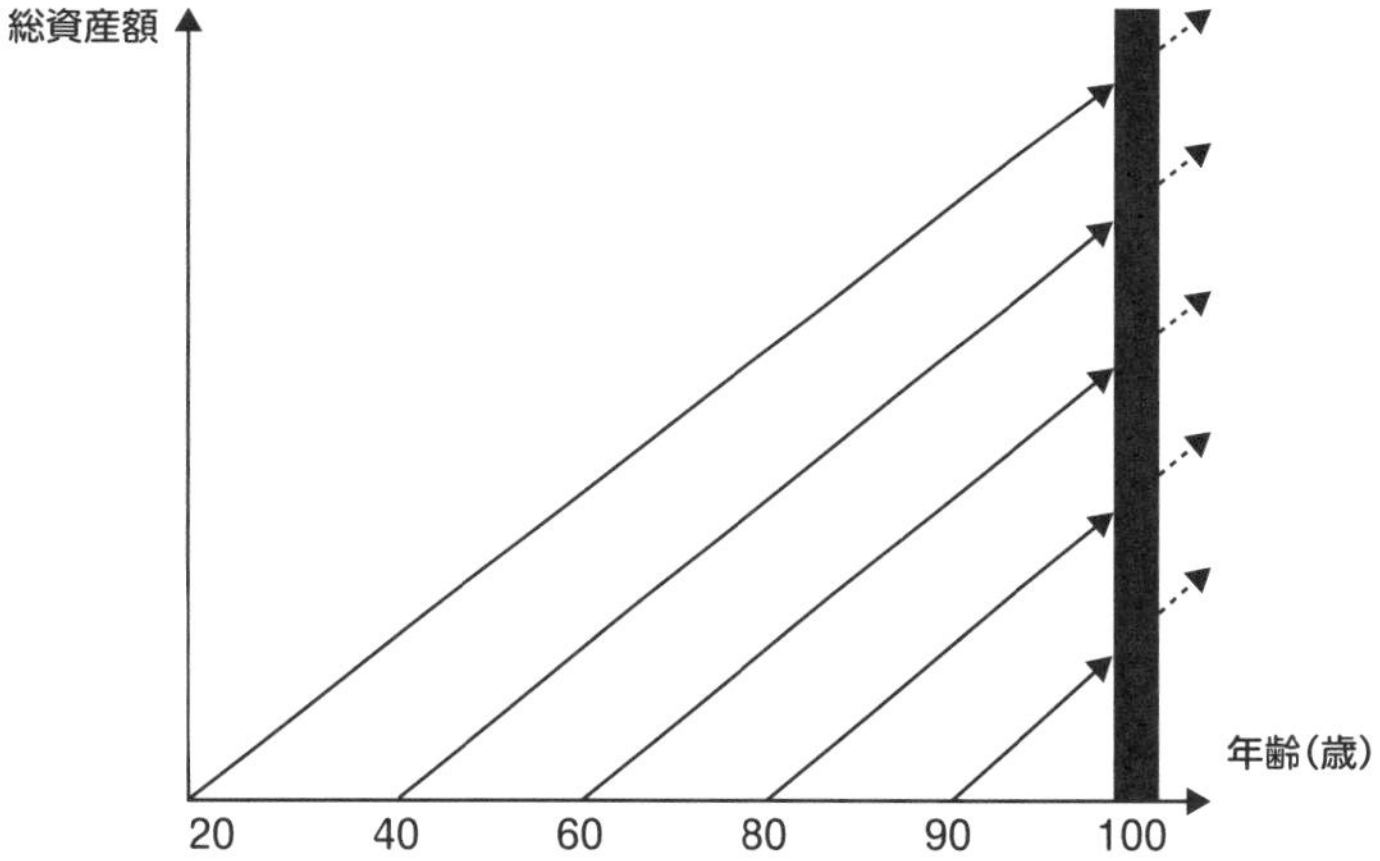

　また、前述したように、あまり大きなリスクを取らずに、ミドルリスク・ミドルリターンの「生活を守るための投資」を続けていれば、基本的にその金融商品の利回りに合わせて、総資産額は時間が経てば経つほど、増えていくのが数学的な事実です。

　つまり、早く投資を始めるというのは、時間を味方につけて投資期間が長いことで資産を増やすチャンスが大きい、ということなのです。しかも、投資期間が長ければ、少々の失敗をしても回復ができる、ということにもなります。

　だから、投資は早く始めるほうがよいのです。

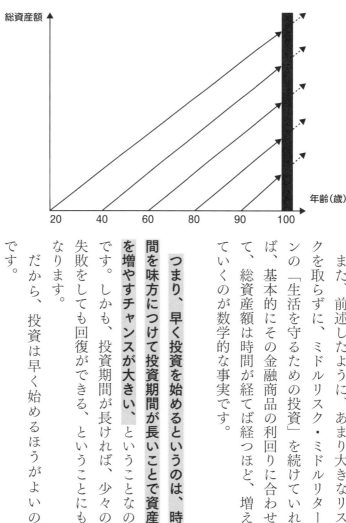

一方、投資を始めるのが遅くなれば遅くなるほど、時間を味方につけるのが難しくなっていきます。仮に50代の人が20代で投資を始めた同い年の人と同じ総資産額を作るために投資をしようすれば、より短期のハイリスク・ハイリターンの投資商品で運用する必要があります。不動産投資にそのようなものはありませんので、他の投資商品を選択することになります。運良くうまくいけばいいのですが、失敗したら、もともと少ない資金をさらに減らしてしまうことになってしまいます。

若いうちは欲しいものがたくさんあったり、遊びに行ったり旅行に行きたいという消費欲求が高い人も少なくないですが、いざというときの守りの資産を手に入れるために、少しの我慢も必要です。

不動産投資を始めやすい理由

数ある投資の中でも、不動産投資は始めやすい投資です。不動産会社に行って、「物件を買いたい」と言えばすぐに始められます。

株式投資の場合は証券口座を開いたり、何千とある中から銘柄を選んだり、その銘柄を一つずつ分析したり、日本経済全体を分析したりするなど実際に投資を始めるまでに、いろいろと準備が必要ですが、**不動産投資はそれが不要です。**買って貸すだけです。もちろん、不動産取引には専門家の手を借りなければいけませんが、そのようなことは専門家に任せておけばいいのです。必要なのは借り手が多く見込める場所の物件を買うということです。

不動産投資を始めるか始めないかは、**極論を言えば、自分が動くか、動かないかだけの問題です。**不動産を買うというと、マイホームを買うというイメージを持っている人が多く、数千万円からじゃないと買えないと思っている人もいるかもしれません。

しかし、築30年を超えるような木造の戸建て物件であれば、場所にもよりますが、数百万円で手に入れることができる物件も存在します。30代や40代の方でも100万円～200万円ぐらいは貯蓄している人も多いでしょう。つまり、現金で買える可能性も十分にあるということなのです。不動産は融資で買うこともできますが、現金で買うことができれば、融資で買うよりも、より多くの収益を上げることができます。

さらに、そうした戸建ては、**建物の価値はゼロ（もしくはマイナス）ですが、土地が付いています。**最悪、更地にして駐車場にして、周辺の住民に貸すということもできます。その物件の隣の住民が家を広くしたいために、相場よりも高く買ってくれるということも珍しくはありません。家賃収入を得ながら、場合によっては売れることもあるかもしれませんので、自ずと資産も増えていきます。

こうして、築古木造の安い物件から始めてコツをつかんでいくことで、次第に不動産投資にも慣れてきます。不動産投資のやり方は、安い物件でも高い物件でも基本的には同じです。慣れてきたら、アパート一棟を購入してもよいと思います。

「定価がない」という不動産のメリット

冒頭でも紹介したとおり、不動産は相対取引で、定価も存在しません。もちろん、「この辺だったら、坪30万円」という取引の目安になる「相場」はありますが、この価格で取引せよ、という定価は存在しません。**だから、いくらで売ってもいくらで買ってもよいのです。**

場合によっては、200万円で買った物件が、800万円で売れるというケースも珍しくないのです。なぜ、そんな安い物件が存在するのかというと、同じ物件でも価値の感じ方が人によって異なるという性質が不動産にはあるからです。

戸建てが連なっている住宅地に相場で1000万円ぐらいの土地があるとしましょう。しかし、その隣の人からすると、実家の隣の土地が売りに出ているとしたら、地続きにしたほうが、自分の土地の価値も上がるので、1200万円を出してもよい、という思考になるのです。見る人によって価値が異なるという点が面白いところであり、その差益で利益が上がるのです。

売主が安くする場合もあります。たとえば、相続が発生して、不動産はあるけど現金がなかったりする場合も少なくありません。こうしたときには、不動産を現金化しなければなりません。相続は締め切りが決まっていますから、**売主はすぐにでも現金化したいという気持ちでいっぱいです。**だったら、相場より多少安く売ってしまっても、今すぐお金が欲しいという気持ちになることもあるのです。

もう一つは、オーナーが借金を抱えていて、借金返済のために現金化を急ぐという場合も、安くてもいいから、早く売りたいというオーナーは少なくありません。仮に不動産に誰でも参加できる公開市場があって、定価がついていたら、このような叩き売りみたいな状況は起きにくいと思いますが、市場が存在せず、現金化しにくいからこそ、相場よりも安い物件が出ることもあるということがいえるのです。

相場観はその地域ごとにあり、昔は地元の不動産屋やそこに住んでいる人しか、相場の情報を知らなかったのですが、**今はYahoo!不動産やスーモ、アットホーム、ライフルホームズなどのネットで相場情報を誰でも見ることができます。**相場情報を把握できるということは、相場より少し安い物件はどれか？　を皆さんでも容易に知ることができる時代になっているということです。あとは、あなたがやるかやらないかだけです。

210万円の土地が4倍の価格に

安い物件を購入して、高く売れた実例を紹介しましょう。

あるとき、30坪の物件を210万円で購入しました。相場の4分の1の価格です。売主は高齢女性で子どもが4人いました。ところが、兄弟4人全員仲が悪いので、その土地を残して死んだら相続争いは目に見えていました。ならば、現金で分けたほうがよいと考えたのです。生きているうちに現金化するため、相場よりだいぶ破格の値段で売ってくれることになりました。本物件の所在地は、駅近で人気地域ではあるのですが前面道路は車が入れないような狭い道で、物件の南側に大きな建物があるため日当たりも悪いのです。さらにこの地域は人気のある広さが40〜50坪であったのに対し、本物件は30坪しかなかったので、やや狭かったのです。

このぐらい悪い条件が重なると、なかなか買い手がつかないのではないか？　と思われがちです。しかし、物件の悪い所ばかりフォーカスするのではなく、良い所に目を向けるべきなのです。この物件は駅近で人気地域だったので、基本的には良い立地です。要は考え方です。『道が狭く、日当たりが悪く、少々、狭い土地』を一般の人に売ろうとするから安くなってしまうのです。正解の思考は道が狭くてもよくて、日当たりを気にしない、小ぶりな土地を探している人もしくは、そのような立地を安めに買いたい方に買っていただければ良いのです。

物件を購入してくれた買主は、日当たりも広さも気にしない共働き夫婦でした。車を使用しないのか、前面道路が狭くても、問題ないということでした。このご夫婦が買ってくれた価格は、**購入した価格の約4倍にもなりました。**

このように、安く購入した土地を数倍の価格で売却することもできるのです。あなたの周りでも大きく儲けられる物件が不意に売り出されることがあります。大きく化ける物件は、その物件を欲しいという買い手の存在が不可欠です。買い手の需要があるかどうかを正しく見極めて、物件を購入するようにしたいものです。

不動産投資で融資が使える理由

２０２３年10月現在、日本はまだまだ金利が低いです。このため貯金をしても、ほとんど金利は付きません。しかし、悪いことばかりではありません。というのは、**金融緩和のおかげで、お金を借りた時の金利が安くなるからです。**ピンチはチャンスなのです。

不動産投資は、「投資」という名前がついていますが、不動産事業という立派なビジネスです。金融機関は投資にはお金を貸してくれませんが、事業にはお金を貸してくれます。もちろん、返す当てをきちんと証明するために、事業計画書を用意して審査に通らなければお金を借りることはできません。しかし、借りられれば、自分の元手は少なくても、金融機関のお金で収益を上げるレバレッジ効果が期待できます。

不動産事業に融資をしてくれる金融機関も増えていますが、地域差もあるのでよく調べてみることが大切です。

たとえば、名古屋には名古屋金利というものがあり、他の地域に比べて一段と好条件の金利が存在します。なぜ低金利の融資が実現できるのかというと、名古屋地域にはトヨタ自動車やその関連会社など、たくさんの優良企業があり、顧客争奪戦で金融機関の競争が激しいということが考えられます。

また、保守的な土地柄で借金を嫌う傾向にあるため、なんとかお金を借りてもらうために好条件にせざるを得ないという事情もあるようです。

物件の相場観としても、東京の半分ぐらいの値段が大阪、大阪の半分ぐらいの値段が名古屋という感覚ですので、**同じ1億円で勝負したとしても、大阪は東京の倍、名古屋は大阪の倍、そして東京の4倍ぐらいの広さの土地が買えることになります**ので、初めての方も名古屋で勝負するとよいかもしれません。

高齢化社会で事故物件が当たり前になる？

ひと昔前は、どこが事故物件なのかは、そのエリアの業界の人しか知らないという状況でした。しかし、現在では事故物件を公開してくれるサイト**「大島てる」**(https://www.oshimaland.co.jp)などもあり、誰でも気軽に事故物件を探すことができるようになりました。

しかし、高齢化社会がさらに加速すれば、高齢者の住民が自然死するというのは、珍しくなくなります。国もこのような事態を考えているのか、２０２１年10月に国土交通省から「宅建業者による人の死の告知に関するガイドライン」が発表されました。人の死（主に通常でない亡くなり方をした場合）が発生した物件のことを「事故物件」といいますが、この事故物件の告知のルールが明確化されました。

【宅建業者が告知しなくてもよい場合】

①自然死・日常生活の中での不慮の死（老衰、持病による病死、転倒事故、誤嚥など）

②（賃貸借取引において）「①以外の死」「特殊清掃等が行われた①の死」が発生し、おおむね3年が経過

③隣接住戸、日常生活において通常使用しない集合住宅の共用部分で発生した死

この①～③に該当する場合でも、「社会に与えた影響が特に高い」ものについては告知する必要があるため、ニュースなどで大きく取り上げられたような、社会に広く知れ渡った事件の場合には告知しなくてはなりません。

ただし、今後、事故物件を避けてばかりはいられません。日本は主要先進国の中でもトップレベルで少子高齢化が進んでいる国です。総人口に占める65歳以上の人口の割合は２０２１年で28・９％です。２０６５年には38・４％に上昇し、**約2・6人に1人が65歳以上で約3・9人に1人が75歳以上になります。**

若者が少なく、高齢者の割合が多くなっていく世の中では、賃貸物件の自然死の確率は当然ながら増えていくでしょう。これまで自然死による事故物件化を避けるために、高齢者に賃貸させることを嫌がっていたオーナーも多かったのですが、今後はそうした流れも変わっていくかもしれません。

事故物件を気にしない入居者もいる

先日も僕が持っているアパートで、高齢の方が亡くなってしまいました。亡くなった方のご冥福をお祈りしつつ、僕も新しい入居者を探さなくてはなりません。新しいガイドラインでは、自然死は事故物件ではないとされていますが、重要なことは**次の借主がそれをどう思うか**です。人が亡くなっている部屋ということで嫌がる人もいますし、まったく気にしないという方もいると思いますが、きちんと告知し、きれいにリフォームして少し家賃を安くしたら、すぐ入居者が決まりました。

僕の方針としては、自然死ですぐ発見されても念のために告知することにしています。先ほども言ったように、重要なことは事故物件に対するおのおのの感じ方です。きちんと告知した上で、気にしない方だけ住んでいただくほうが入居者にも安心して住んでいただくことができますし、こちらとしてもお客様に後ろめたさもなくお付き合いさせていただくことができます。よく事故物件に好んで住んでいるような芸人さんがいますが、**一般的に、事故物件は相場よりもかなり安い**ので、まったく気にしない方が住むにはお得だと思います。人の死は当然あることで、そのことに嫌悪感を持つか持たないかも人それぞれです。

オーナーにとっては、事故物件になったために相場よりも家賃を下げて、入居者を募集しなければならないという事情が現状ではあります。しかし、今後、高齢者が多くなり、自然死も当たり前に発生するという時代になれば、事故物件の考え方も変わると考えています。

高齢者と若者をつなげる不動産の使い方を提案する

不動産投資は事業ですから、人々に居住空間を提供する社会貢献の部分もあります。だからこそ、人の役に立つ形で、不動産事業を展開していく考え方も必要です。

２０６５年には、全人口の４割近くが65歳以上の高齢者になってしまいます。見方を変えれば高齢の入居者のニーズを読み取ることで、大きなビジネスチャンスが到来しているという見方もできます。

この間地元に帰った時、僕の父と母から面白い物件の話を聞きました。その物件は2階建てのアパートなのですが、1階に高齢者が住んでいて家賃が毎月7万円でした。2階に若い人が住んでいて家賃が毎月3万円です。なぜこんなに家賃に差があるのかというと、**若い人が安く住むことができる代わりに、毎日下の階の高齢者に声がけをするというルールがあるそうです。**これによって万が一の不測の事態を防ぐという取り組みが目的です。しかも、高齢者の1人暮らしは寂しいものでしょうから、若い人に「おはよう」と声をかけられるだけでも元気になり、生きる活力を得られます。近年まれに見るよいアイデアですし、これなら、万が一のことがあってもすぐに対処できますから、入居者にもオーナーにもお互いにプラスになるでしょう。

高齢者と若者という、一見すると相入れない要素を組み合わせて、社会貢献ができる醍醐味も不動産投資には存在しているのです。

まだ実現できていませんが、僕も不動産を利用した高齢者向けのまったく新しいサービスを考えました。近い将来、皆様にお披露目できる日が来ると思いますので、楽しみに待っていて下さい。

保険料を節約できたり、収益を生む財産を相続できたりする

死亡保険の代わりになる団信

住宅ローンを組んでいらっしゃる方はご存じかもしれませんが、ローンを組む際には、団体信用生命保険（団信）というものに加入することが条件になっている金融機関が少なくありません。**団信とは住宅ローンの契約者が不幸にも死亡してしまったときや、高度な障害状態になってしまったときなどに、保険金により残りの住宅ローンが弁済される保険です。**

事業用のローンで団信が利用できるものもあります。

たとえば、2000万円のローンを組んでいて500万円返済したところで万が一のことがあれば、残りの1500万円は団信から支払われるため、これ以上の返済義務はなくなります。残された家族には借金は残らず、不動産が残ることになりますので今後の生活も安心です。つまり、ローン残高と生命保険でもらえる額がイコールになっており、借金をしたつもりが、質のいい生命保険に入ることができたというイメージです。最近では、団信にもさまざまな種類が出てきて、ガンと診断された時点で、残りのローンが弁済されるようなものもあります。

たまに金利を払うのが嫌だからといって、お金がたまったところで繰り上げ返済する方や、退職金で一括返済する方がいますが、僕からすればそれはすごくもったいない話だと思っています。バブルの時のように、金利がとても高いのであればすぐ返済してしまったほうがいいかもしれませんが、ローンの金利がタダみたいに安くて、ローンを組んでいることでこんなに優れた生命保険に入ることができるのはとてもありがたいことです。ローンを完済することなく自分に万が一のことが起きてしまう可能性もあるので、繰り上げ返済せずにずっとローンを払い続けて、優れた生命保険に入っている安心感を享受していけばいいと思います。

子どもに不動産をプレゼントする

人間は皆、死ぬという運命から逃れられません。遅かれ早かれ、財産を持っている人は相続を考えなければいけません。こう言うと、「うちは相続を考えるほど、財産はありませんよ」なんて言う人がいます。210万円で不動産を売ってくれた女性の話ではありませんが、財産が少額でも相続争いは起きるものなのです。相続税の基礎控除も縮小されていますから、相続は案外身近にある問題なのかもしれません。相続争いは、親の財産が誰にどれだけ渡されるのかという分け方の問題がほとんどです。それであれば、最初から子どもが財産を持てばいいのではないかというのが僕がたどりついた結論です。僕はたまに不動産を使った節税や、不動産を使った企業の利益の出し方、個人の相続対策など、不動産に関する講演をさせていただくことがあるのですが、皆さんに特に興味を持って聞いていただける話があります。

それは、**「子どもに不動産を購入させる資金を贈与する」**というものです。政府の税制調査会では、この非課税枠について検討がなされている、という話も聞きます。今後、どのように変わるかはわからないのですが、2023年10月現在、贈与税は年間110万円までは実質的に非課税です。暦年課税制度では、贈与した年の1月1日から12月31日までに贈与してもらった財産に基礎控除110万円がつくからです。そこで、この基礎控除を使い、子どもに毎年110万円以下を贈与し、500万円ほどたまったところで子どもの名義で収益不動産を購入させるのです。贈与を繰り返すことで、子どもは収益不動産を増やすことができます。相続が発生する頃には、収益不動産から得られる家賃収入も増えているはずですから、単純にお金を贈与するよりも子どもに喜ばれます。

より大きな不動産を相続させたい場合

所有している資産の量によっては、課税される贈与税よりも、課税される相続税のほうが、はるかに高い場合があります。そういった場合は、もう少し多めに贈与して、多少、贈与税を納めた方が得をしますし、税務署からも突っ込まれにくいのでオススメです。子どもに贈与したお金で子ども名義でどんどん収益不動産を購入すると良いでしょう。大きな金額を子どもに贈与できるので、子どもはさらに大きな収益が得られる収益不動産を購入できますし、親は自分の財産を効率的に減らすことができます。

相続税を減らすために、不動産を活用する方法がありますが、**最近は相続対策に不動産を活用することへの目も厳しくなっています。**また、親が不動産を増やしても、親の財産が増えるだけで、うまくやらないと逆に相続税が増えてしまうこともあります。時間を味方につけて、早めに現金を収益不動産の購入資金として贈与することで、子どもも親も両方にメリットがあるのです。さらに、収益不動産を持つということは、自分が持っている現金を寝かせることなく、社会に貢献することでもあります。これぞ、本当のお金の生かし方です。

ちなみに、不動産は何歳からでも保有することはできます。ただ、未成年の場合は単独で契約しても契約の取り消しが可能で事実上、無効になってしまう可能性があるため、未成年が契約するときは、契約者の本人と親権者全員の同意が必要です。親権者が1人の家庭でしたら1人の同意があればよく、2人いる家庭は2人の同意が必要となります。全員契約書に記入しなければならないので、父親や母親のどちらかの独断で決めるというわけにはいきません。

また、子どもに現金の贈与で不動産を持たせるこの方法にも多少のリスクは存在します。それは子どもが先に亡くなってしまった場合です。逆に子どもから親への相続が発生することになり、親の財産が増えてしまいます。ただし、子どもに子（親から見たら孫）がいる場合は、孫への相続が発生するだけで親に相続が発生しないので、問題はありません。

親の名義で物件を購入する場合

ちなみに、親の名義で不動産を購入し、それを子どもに贈与することもできないことはありません。たとえば現金1億円で、売買代金1億円の不動産を買い、その不動産を贈与する場合、不動産には、贈与税の評価額を減らせる評価減の効果があります。1億円の収益物件の評価額は、6000万円ぐらいになっている場合もあります。

そこから毎年110万円ずつ権利（持ち分）を譲るということもできますが、不動産登記費用がその都度かかるため、少しコストがかさみます。もし司法書士に頼むのであればまたそこでコストが発生します。登記の手続きは慣れれば自分でもできます。事務手続きを面倒に思わない方であれば、自分でやってみても良いかもしれません。

まとめ

投資は早く始めれば、始めるほどリスクを減らすことができます。定年後の資金やいざというときの守りの資産を増やすためには、思いたったときに始めるのが良いでしょう。不動産投資はそうした生活を守るための資産作りに適しています。

不動産投資の魅力は資産作りだけではありません。融資を受けて物件を購入し、団体信用生命保険（団信）に加入することができる場合もあります。これは、死亡保険の代わりとなり、残された家族のためにもなります。

また、相続でも不動産投資を活用することができます。暦年課税の基礎控除を利用し、子どもに財産を贈与して、そのお金で子ども名義の不動産を購入します。単にお金を相続時に渡すよりも、社会にも貢献できる上に子どもの現金収入もどんどん増えていきますので将来きっと感謝されます。

第2章

貯金ゼロから始める投資の準備（レベル1）

不動産投資の成功思考

一生借りる側なのか？それとも貸す側に回るのか？

投資資金を作るために必要なこと

まずは資金100万円を目指そう

本章からは、具体的に不動産投資をどのようにスタートすればいいのか、紹介していきましょう。まずはレベル1からです。

投資は元手がなければ、始めることができません。では、元手はどのくらい必要なのか。多ければ多いほど良いのですが、一体いくらからを目標にすれば良いのでしょうか？　地域にもよりますが、**100万円〜200万円で買うことができる不動産は結構あります。**しかし、資金がないことには不動産を買うことはできませんので、資金がまったくないという方は、**まずは100万円を目指して資金を作りましょう。**

ここで、僕流の資金の調達法をご紹介したいと思います。

僕は世の中でよく言う、「給料の1割や2割は貯蓄に回しましょう」というような資金作りはしていません。

外食にお金を使い過ぎたり、無駄なものを買ったりしないことを徹底しただけです。食事は自炊でさらに食材を安く買って調理したり、服にもお金をかけたりしませんでした。20代で最も高い買い物は、中古の車でした。

もともと物欲に乏しく、ブランド品などにも興味がないので、無駄遣いしないタイプの人間です。そのため、この生活でもなんとも思いませんでしたが、社交的な人は、最初の資金作りのために、生活スタイルを少し見直す必要があるかもしれません。

ただし、収益不動産を増やしていけば、毎月入るお金も増えていきます。

将来のための資産作りであれば、入ってきたお金をさらに投資に回すのが、より効率的な資産作りの方法ですが、どうしても消費に使いたいというのであれば、不動産投資で増えた収入を使うようにしましょう。余裕が出た分を使うようにすれば、収益不動産が増えることで、収入も増えることになります。収益不動産でお金が増えることをイメージしながら、支出を減らして、資金作りを行いましょう。

ふるさと納税で生活費をうまく抑える

ふるさと納税で食費や日用品を浮かすのも一つの手だと思います。日本は累進課税の国で、所得が多い人ほど、多くの税金を納税する必要があります。しかし、ふるさと納税を利用して、返礼品をもらうことで、さまざまな生活必需品を手に入れることができます。

ご存じの方も多いと思いますが、ふるさと納税は、自分の居住地以外の任意の自治体に納税できる制度です。「納税」という言葉が使われていますがその実態は「寄付」となっていて、寄付金額の一部が所得税、住民税から控除されます。ふるさと納税を利用するためには、2000円の自己負担を支払う必要があります。

2000円を払ってまでふるさと納税をするその目的は、寄付先の自治体から返礼品をいただけることです。返礼品はその地方の特産品が中心になっているので、高級和牛や季節のフルーツなどもありますが、量が多くてお値打ちなものを選べば食費が浮きますし、実用性のある日用品を選べば生活費を浮かすことができます。ちなみに僕は、返礼品には日持ちするものをもらおうと考え、全国から大量のお米を取り寄せました。お米の返礼品をもらい続けた結果、合計するととんでもない量になっていました。主食であるお米さえあれば、食費の節約もうまくいくと考えていましたが、お米の保存方法をまるで考えていませんでしたので湿気と温度でお米に虫がわく始末。保管する場所もないので、近所の人に配ってなんとか消費……なんてこともありました。

そんな失敗経験も踏まえて、今は食料や日用品の結構な割合をふるさと納税で賄うことができています。ふるさと納税の返礼品はお米だけでなく、生鮮食品や加工食品、日用品などバラエティに富んでいるので、うまく組み合わせて節約に役立てて下さい。

なお、ふるさと納税で面白いサイト(動画)を見つけましたので、ぜひご覧になって、参考にしてみてはと思います。『故郷家族』(https://www.youtube.com/@furusatokazoku)

天引き制度を活用した資金作り

企業や団体組織にお勤めされている方ならば、財形や持株会制度など、給与天引きで資金をためることができる制度があると思います。そういう制度は、勝手に給料から引かれる上に、会社に申請を出さないと引き出せないようなしくみになっていますので、**お金が入ったらすぐに使ってしまうという方には非常にオススメです。**最近では手数料無料で自動振込をしてくれる金融機関も増えているので、給与振込されるA銀行口座と、貯金専用のB銀行口座を分けるなどして、給料日付近にA銀行からB銀行に自動振込されるように設定しておけば、勝手にB銀行にお金がたまっていきます。

保険金を担保にお金を借りる

意外と知られていないかもしれませんが、生命保険や医療保険を契約している方は、保険を解約せずにお金を借りられる制度を使える場合があります。

これを**「契約者貸付制度」**といいます。保険の契約を担保にお金を借りる方法で、審査もなく低金利で借りられるのがポイントです。お金が必要だからと、保険を解約しようとする人もいますが、この制度を利用すれば、保険の契約を継続したまま借り入れができます。

資金を集めるために保険を解約してしまうと、病気や事故などいざという時に保険が使えなくなります。保険は加入年齢によって保険料率が決められているので、再度入り直すと、割高になってしまいます。

また、解約のタイミングによっては戻ってくる解約返戻金が払った金額よりも少ないという元本割れをしてしまう可能性があります。ですので、**解約はできるだけしないほうが安心です。**

先ほど、資金が貯まるまで借金をしないように言いましたが、この場合の借金は自分がすでに積み立てた生命保険の解約返戻金の一部を借りるだけですので、どちらにせよ自分のお金です。これは借金にカウントしません。また、公務員の方でしたら、共済から資金を借りることも可能です。

親や知人に頭を下げて借りる

ちなみに、究極の資金作り方法は親に借りることです。借金をするなという割には、借りることばかり提案している気がしますが、親のお金は、相続で自分のものになる可能性があるのですから、ただ銀行に置いておくよりも、「有効活用してあげよう」というぐらいの気持ちで依頼すると良いでしょう。

親のスネはかじったほうが良いと思います。親も子どもから頼られたらうれしいはずですので、むしろ少しぐらいワガママを言ってあげたほうが親孝行です。

金額は借りたいだけ借りればいいと思いますが、親の懐具合が読めないことにはハッキリとした金額を提示できないと思います。そこで、まずは本当に借りたい額の5倍をめどに聞いてみましょう。

たとえば、100万円借りたいのであれば、「500万円借りたい」と言います。親に余裕資金がなく、貸せないと断られたら、少しずつ金額を下げていくのです。そして、最後に本命の金額を提示します。両親からすると、100万円であれば、最初に提示された500万円の5分の1ですから、そのくらいなら貸してあげてもいいかなという気になってきていると思います。

本当に500万円借りることができたら幸運ですが、仮に1円も貸してもらえなくても、何のデメリットもない資金調達方法です。あまりしつこくせず、親子の仲が悪くならないようにお願いしてみて下さい。

ちなみに、僕は15年前の起業時に、まったくお金がなく、父親に200万円貸してくれとお願いしたのですが、1円も貸してくれませんでした（笑）。では、なぜ僕が起業できたのかというと、友人であり、当時の取引先だったK君が「細川さんなら、絶対大丈夫！」と言って200万円を貸してくれたのです。やはり、いつの時代も友達は大切ですね。K君ありがとう！（もちろん、今はすでに返済しています）。

資金がゼロでも、投資資金作りはできる

僕は今まで4回引っ越しをしているのですが、毎回、引越しのたびに賃貸ではなく、

不動産を購入しています。そして、**購入した不動産は全部買った値段と同じくらいか少し高く売却することに成功**しています。

ところで「たわけもの」という言葉をご存じでしょうか？　名古屋の方言で愚か者のことを意味する言葉なのです。この「たわけ」は、田分けで、先祖代々の田を人に分けてしまうから「たわけもの」といいます。名古屋の人たちは先祖代々の土地を売ることを嫌がる傾向にあり、恥ずかしいことだと思っているのです。僕は土地を売る仕事をする不動産屋なので、もしかしたら「たわけ」なのかもしれません。

しかし、これからは「たわけ」も視野に入れて、自分の資産を着実に作っていくことが大切です。多くの人はマイホームを購入したら、一生そこに住むものだと考えています。

ところが、**現代ではライフスタイルは、人によってそれぞれですし、時期によっても住空間は異なります。**子どもができて、子ども部屋が必要になったからマイホームの購入を考える人も多いと思いますが、子どもが独り立ちすれば、子ども部屋はいらなくなります。夫婦2人で住めるマンションに引っ越してもいいのです。自分のライフスタイルに合わせて、住環境を変えていく。そして、購入した不動産を有効に活用し、購入した時と同じぐらいか少し高い価格で売却することを考えていきます。マイホームを建築したり、買うための住宅用ローンは、不動産投資などで使う事業用ローンよりも金利が低く、利用しやすいのが特徴です。そこで、住宅ローンでマイホームを購入し、必要な年数ぐらい住んだあとそれを売却したり、自分は引っ越しして、他人に貸し出したりして、投資のタネ銭を作ることもできます。もちろん、良い値段で売るためには、リフォームしたり、キレイに住む必要があります。

極端なことを言えば、夫婦共働きだったら、お互いにローンを組むことができますから、夫婦で3000万円ぐらいの中古の物件を一軒ずつ購入し、同時に売りに出して、売れ残った方に住めばいいのです。格安でボロボロの中古物件でも、リフォームすれば物件価値を上げることができますし、DIYで自分で直せば安く済みますので、DIYがお好きな方には本当にオススメです。

そして、買値より少しでも高く売ることを繰り返していけば、投資資金を作ることができます。ただし、1点注意が必要なのは、住宅ローンは本人の居住用として使わ

なくてはいけない決まりがあるので気をつけましょう。(住宅ローンは投資用不動産購入には利用できません)

では具体的に僕の今までの自宅の売買のケースを紹介していきましょう。

1軒目は、1000万円でゴミが散乱していて、売主の所有物が置きっぱなしのマンションを買いました。売主がその物件を売った事情はよくわかりませんでしたが、どうやら自営業者で商売に失敗し、自己破産・離婚をされたようです。残置物の中には灯油の入った灯油缶が2つありました。もしかしたら、部屋を燃やしてすべてを無くしてしまいたかったのかもしれません。

よくありがちな狭い4LDKを、広々として明るい3LDKと畳コーナーに改装しました。立地はよかったので、フルリノベーションが功を奏し、**数年後に住んだ後でも、購入金額+αぐらいの1480万円で売れました。**

次は、近所に、たまたま魅力的な土地が売りに出たので、戸建てを建築しようと思いました。約270坪（約900㎡）の縦長の土地で、価格は1500万円ぐらいです。広いということもありましたが、安く感じる物件でした。しかし、この不動産が安いのには理由がありました。それは、車がやっと通れるぐらいの狭い道しかなかったということです。しかも建物は、まるでお化け屋敷のように草木に覆われていて、建物の周囲の庭もジャングルのようになっていました。建物の解体費用に莫大《ばくだい》な費用がかかりました。それに、道路は未舗装で土が剝き出しています。はっきり言うと、なんともならない土地だったのです。

しかし、こういった土地に出会った時に私は、目をつむって美しく整備された時のことをイメージするのです。このお化け屋敷とジャングルがなくなって、きれいになって、狭い道が広くなり、土が剝き出しの道が美しく舗装されたら、どんなに素晴らしいだろう。どんなに近所の方が喜んでくれるだろうと思うのです。

そうして、一生懸命、努力して土地をきれいに整備しました。するとどうでしょう。僕の土地の一部をどうしても売って欲しいという人が現れ、土地が次々と売れていきました。その後、お化け屋敷とジャングルだった土地は、自宅を含めて4軒分の宅地となりすべて売り切ることができたのです。

不動産投資における融資の考え方

お金を借りるリスクとメリット

借金をして不動産を購入する、となると、たとえ住宅ローンのような一般的なものだとしても、その金額の大きさに恐怖を感じる方も多いかもしれません。

僕は、借金自体は怖い（悪い）ことではないと思っています。しかし、あなたがもし、ブランドもののバッグを買うのにローンを組むというのであればそれは止めます。バッグを使ったビジネスをして、収益を生み出すというのでしたら話は別ですが、残念ながら、この借金の仕方では1円も生み出すことはできませんので、メリットのない悪い借金だからです。

一方、**不動産を買うために借りるお金は、ただ単に消費のためにお金を借りるのではなく、利益を生み出すことができます（逆もありますが）。**売却益や家賃収入を得るために金融機関からの融資を得て投資するだけなので、うまく社会のしくみを利用して投資しているに過ぎません。

この場合の借金はそんなに怖がる必要はないと思います。また、第1章でもご紹介したように、不動産購入のためにローンを組むと商品によっては団信という素晴らしい生命保険に加入できる場合もあるので、万が一自分が死んでしまっても家族にローン支払い義務が生じるわけではありません。家も残り、ローン残高も完済されますので、家族のいる方は家族を守ることにもつながります。そう考えると、ローンも悪くない選択肢なのです。

金融機関からわざわざお金を借りて不動産に投資をすることに抵抗がある方も多いかもしれません。しかし、きちんとビジネスとして計算が成り立つのであれば、ローンを過度に恐れる必要はありません。事業計画さえしっかりしていれば金融機関は融資をしてくれます。

ここでは、金融機関から融資を得るためにやっておいた方がいいことについて、見ていきたいと思います。

金融機関の見つけ方

お金を貸してくれる金融機関の見つけ方は、特別なところを探さなくても、家の近くや、自分がよく使っているところに行くことが一番良いと思います。また、不動産屋さんが金融機関を紹介してくれる場合もありますが、紹介されたからといって融資が有利に働くわけではないので、自分で見つけても、紹介してもらってもあまり差はありません。

地元の信用金庫に口座がある場合は、ぜひ利用してみると良いと思います。地元で長く付き合いがあって、ある程度信頼関係が出来上がっているようなところであれば、かなりのプラス材料になり融資してくれる可能性が高いので、一番に訪ねてみることをオススメします。

もし、利用している信用金庫がなければ、日本政策金融公庫に相談してみましょう。他にも収益物件への融資に積極的な銀行もありますので、インターネットで「収益物件融資」や「不動産投資融資」などで検索してみて下さい。

金融機関とやりとりをする

事業計画書を作る

融資を受ける際には、どのように不動産事業で家賃収入を得るのか、事業計画書を出す必要があります。

事業計画書といっても、何枚も書けばいいというわけではありません。大量のページ数の資料を作る人がいますが論点がわかりにくくなるので、止めた方がいいと思います。僕が作成しているのは、**Ａ４用紙１枚の事業計画書です。**２０００万円の物件を買うときも、３億円の物件を買うときもＡ４１枚の事業計画書を提出し、金融機関の担当者との面談で詳細を口頭で付け足します。ページ数ばかり多く作っていろいろと書いても、金融機関の担当者も何について書かれているのかわからなくなってしまうので、要点がはっきりしていてシンプルなものを用意しましょう。最低限、事業計画書には次の項目を書いておくと良いと思います。

- **物件価格**
- **諸費用**
- **融資希望条件**
- **物件概要**
- **収益予想**
- **収益を上げることができる理由や空室を埋めるための戦略など**

大切なのは収益が想定通りに上がらなかった場合に、その解決法を書くことです。金融機関の担当者も一人だけで、融資を決めているわけではありません。さまざまな部署に稟議書を回して、承認を得ているのです。金融機関の担当者が困らないように、融資を審査する部署の疑念や不安点を払拭するような事業計画書を作ることが大切です。

金融機関との面談では何を言えばいいのか？

前述したように**融資を受けるときには、金融機関の担当者との面談があります。**繰り返しますが、不動産投資は事業なので、融資を受けるためには事業計画書を作成し、購入する不動産でどのように利益を上げていくのかを説明しなければなりません。金融機関から質問される内容は特に決まっていませんが、購入予定物件の「良い点・悪い点」や「どのように利益を上げていくのか？　出口戦略はどうなっているのか？」ぐらいは、事前に答えられるようにしておきましょう。

たとえば、購入予定の物件の近隣の家賃相場や売買相場を準備しておくと安心です。

金融機関はあなたの不動産事業に融資（投資）します。そのため、不動産事業をきちんと運営して、貸したお金をきちんと返済できるのかを注意して見ています。冒頭で紹介した通り、不動産投資事業は入居需要を見極めれば、だいたい事業計画書通りに推移します。面談では、事業計画書通りにうまく行かない場合はどうするのかを聞かれることがあります。

そこで、いくつか想定されるシナリオを考えておき、それに対する解決策を用意しておくと良いでしょう。

では、どのようなシナリオを考えておけば良いのか、具体例とともに見ていきましょう。

たとえば8部屋あるアパートを購入するとします。仮にその物件は現在、3部屋空き部屋があるとしましょう。現状、埋まっている5部屋だけでローンが返済できるのであれば、担当者からあまり深く、突っ込まれないかもしれません。

しかし、現状、埋まっている部屋に空室が出たら、返済が滞るかもしれません。そうしたことを想定して、対策を練っておく必要があるのです。経営的にも満室にしたほうが安心です。その部分を金融機関から聞かれることがあるのです。不動産事業を安定させるためにも、対策を考えることは大事です。次に金融機関から聞かれる質問に対しての、想定問答集を紹介しておきます。

面談で一番重要なのは、「笑顔で」「自信を持って」「堂々と」対応しましょう。

金融機関からの想定質問１

「空室が続いたり、新たに空室が出たりしたら、どうするつもりですか？」

【回答例】

①売主は、現在、１社の不動産会社としか提携していないようなので、複数の不動産会社、また、大手のみならず地元の個人経営の不動産屋さんとも提携して、空室を埋める努力をします。

②物件の近くに社員数の多い企業があるので、相場よりも家賃を安くして、空き部屋を３部屋まとめて社宅として借りてもらえないか提案します。３部屋の家賃収入はやや減りますが、キャッシュフローは安定するので、ローンの返済も問題ありません。

③入居者募集を依頼する不動産業者に報奨金を出し、優先的に取り組んでもらえるようにします。

金融機関からの想定質問2

「半年、入居者を募集して、空室が埋まらない場合はどうしますか？」

【回答例】

①半年埋まらなくても、1年分くらいの蓄えはありますので大丈夫です。

②礼金をゼロにした上で、フリーレント（一定期間家賃無料）を2カ月つけてお客様に興味をもってもらえるようにします。

金融機関からの想定質問３

「購入予定のアパートは、空室が長い間続いているみたいですが、管理をどのようにしていきますか？」

【回答例】

①僕がオーナーになったら、管理会社を変更する予定です。また、僕も家が近いので、こまめに通って自分でも清掃や草むしりなどを行い、物件の魅力を高めるようにします。

②共用スペースが古くなっているので、リフォームする予定でいます。そのほか、古くなっている設備も交換します。立地は魅力的な物件ですので、物件自体の魅力を上げると入居率は上がると思います。

このように金融機関は不動産事業を続ける上で問題のある部分について質問をして

きます。その時に「そんなこと考えていませんでした」とか「いざとなったら埋められる方法はいくらでも考えられます」といった短絡的な回答ではなく、金融機関の人が安心してお金を貸すことができるような具体的でリアリティーのある回答を用意しておくことが非常に大切です。その場のトーク力というよりも、いかに戦略を立てているかが大事です。ここをきちんと答えることができないと、不動産投資事業を続けていくのが難しくなる場合もあります。不動産投資事業を行う上で、不安な要素は事前に潰しておくとよいでしょう。

金融機関はどのように不動産を評価しているのか？

金融機関は不動産を**「積算《せきさん》評価」**という方法で評価して、融資額を決める一つの基準としています。これが不動産の担保価値にもなります。

不動産投資がうまくいかず融資したお金が回収できなくなった場合、競売でお金を回収しなければなりません。不動産を売却したときにいくらになるのかを判断するのが積算評価です。積算評価での土地の評価額は、**国税庁が定めた路線価《ろせんか》などを参考に**

して決められます。建物の評価額は、その建物を立て直したらいくらかかるかという再調達価格《さいちょうたつかかく》に建物の劣化具合をかけて計算されます。こうして、計算された積算評価額に金融機関独自の評価を加えて、事業計画の内容を加味して最終的に融資額を決めているのです。

年収が高ければ、融資を受けやすいのか？

融資の審査には、物件の担保価値、収益性などさまざまな要因を検討します。その中には借りる人の年収や信用も当然、含まれてきます。年収は高いに越したことはありませんが、会社員として安定して、長い間、勤め続けていることも融資の審査対象になります。若い人でも事業計画書がわかりやすく、魅力的で、きちんと収益が出て、ローンを返済できると判断できれば金融機関は融資をしてくれます。

不動産投資事業が安定してくると、税金を払いたくないあまりに、経費を使いまくって、赤字にしたりして節税しようする人をよく見かけます。節税をし過ぎて赤字にするということは、**経営の観点からみると、経営がうまくいっていないと取られることになります。**節税ばかりに気を取られていると、次の物件を購入しようというときに融資を受けられなくなる可能性が高くなるので注意しましょう。

マイホームの住宅ローンがあっても融資を受けられるか？

すでに自宅の住宅ローンがある場合、それに加えて不動産投資の融資も受けられるのかという疑問もあるでしょう。もちろん、借金は少ないに越したことはないのですが、住宅ローンは不動産事業用ローンの審査にあまり影響がないので安心して下さい。というのは、不動産投資のローンは、家賃収入が事業として得られるということを前提にして、融資の審査が行われるからです。

ただ、車や何らかの物品のローンなどの借入はマイナスとして見られるケースも少なくないようです。またショッピングなどで、ボーナス払いやリボ払いにしているケースも問題視されがちです。なぜなら、お金の使い方に対する計画性の無さが指摘されるからです。不動産投資の融資を受けたい場合は、新たな借金を作らないように

郵便はがき

1 0 3-8 7 9 0

料金受取人払郵便

日本橋局
承　認

8863

差出有効期間
2024年8月
11日まで

切手をお貼りになる
必要はございません。

953

中央区日本橋小伝馬町15-18
EDGE小伝馬町ビル9階
総合法令出版株式会社 行

本書のご購入、ご愛読ありがとうございました。
今後の出版企画の参考とさせていただきますので、
ぜひご意見をお聞かせください。

フリガナ お名前	性別 男・女	年齢 歳
ご住所 〒 TEL　（　　）		
ご職業　1.学生　2.会社員·公務員　3.会社·団体役員　4.教員　5.自営業　6.主婦　7.無職　8.その他（　　）		

メールアドレスを記載下さった方から、毎月5名様に書籍1冊プレゼント！

新刊やイベントの情報などをお知らせする場合に使用させていただきます。

※書籍プレゼントご希望の方は、下記にメールアドレスと希望ジャンルをご記入ください。書籍へのご応募は1度限り、発送にはお時間をいただく場合がございます。結果は発送をもってかえさせていただきます。

希望ジャンル：☐ 自己啓発　☐ ビジネス　☐ スピリチュアル　☐ 実用

E-MAILアドレス　※携帯電話のメールアドレスには対応しておりません。

お買い求めいただいた本のタイトル

■お買い求めいただいた書店名

（　　　　　　　　）市区町村（　　　　　　　　）書店

■この本を最初に何でお知りになりましたか

□ 書店で実物を見て　□ 雑誌で見て（雑誌名　　　　　　　　）
□ 新聞で見て（　　　　　　新聞）　□ 家族や友人にすすめられて
総合法令出版の（□ HP、□ Facebook、□ Twitter、□ Instagram）を見て
□ その他（　　　　　　　　）

■お買い求めいただいた動機は何ですか（複数回答も可）

□ この著者の作品が好きだから　□ 興味のあるテーマだったから
□ タイトルに惹かれて　□ 表紙に惹かれて　□ 帯の文章に惹かれて
□ その他（　　　　　　　　）

■この本について感想をお聞かせください

（表紙・本文デザイン、タイトル、価格、内容など）

（掲載される場合のペンネーム：　　　　　　　　）

■最近、お読みになった本で面白かったものは何ですか？

■最近気になっているテーマ・著者、ご意見があればお書きください

ご協力ありがとうございました。いただいたご感想を匿名で広告等に掲載させていただくことがございます。匿名での使用も希望されない場合はチェックをお願いします☐
いただいた情報を、上記の目的以外に使用することはありません。

し、消費や娯楽のためのローンを組んでしまっている人は、なるべく速やかに完済するようにしたほうが良いでしょう。

第2章

まとめ

不動産投資をスタートするには、まずは資金を集めることから始めます。100万円を目標にして、資金を集めましょう。

資金集めの方法ですが、少なくても着実に集められる方法を採用して下さい。会社員であれば、天引きで自動的にお金をためていく方法を考えるのもよいでしょう。

また支出を減らす方法としてオススメなのが、ふるさと納税です。返礼品の中にはお米など生活必需品も充実しています。税金を払うお金で生活必需品をまかなえることができれば、大きく支出を減らすことができます。

不動産投資には融資を使うことができます。融資を受けるには、金融機関が思わず融資をしてしまうような魅力的な事業計画を作ることが大切です。また事業がうまくいかなかったときの対策も考えておきましょう。

第3章

目標額に到達したら物件を買う（レベル2）

不動産投資の成功思考

少し利益が減ることをゴネるな。要は儲ければ良いのだから利益が多少減ることは問題ではない。

物件を選ぶ前に知っておきたいこと

適正価格ではない不動産は意外とある

物件を購入するためのタネ銭が集まったら、いよいよレベル2へ。つまり、収益物件を購入する段階になります。この章では、不動産のいろはを学びますのでボリュームがあります。未経験の人には大切ですが経験者には少々、物足りないかもしれませんが復習だと思ってお付き合い下さい。

不動産には「定価」がないとお話ししましたが、**世の中には適正ではない価格の不動産がたくさんあります。**そこで、きちんと相場観を養えば不動産投資を行うにあたり強いアドバンテージとすることができます。適正価格ではない不動産が多い理由は先ほども言った通り、不動産の価値の感じ方が人によって違うからです。所有者がこんな利便性の低い物件は高く売れないだろうと思って安く売りに出したとしても、その土地の隣の人から見たら宝のような物件です。たとえば庭が狭くて駐車場がないと困っていたら、隣地がすごく安く売りに出ていれば即売れてしまいます。

この不動産の価値の感じ方の違いを利用して儲け、利益を上げようというのが不動産投資です。**うまく転売すれば安く買った物件も高く売ることができますし、人に貸すにしても安く買えたほうが、早い段階で元本を回収することができますので、いかに安く見積もられている物件を探して買うかというところが重要になります。**

はじめは買おうと思う物件が適正価格かどうかなんて判断がつかないと思います。しかし、日々、「Yahoo! 不動産」などの不動産ポータルサイトなどを見て、その地域の平均坪単価を見ているうちに相場観がつかめるようになってくるはずです。「安いな」と思ったらその物件の詳細を確認するという地道な作業を日々行い、相場感覚をつかんでいくしかありません。

また、通りがかりの不動産屋さんの物件情報などを見て、情報を足で稼ぐのも一つの手です。僕も気になる物件があればすぐにネットで確認し、自分の相場観で考える金額と違いがあって安いと感じたら、その不動産屋さんに「売って下さい」と電話をかけることがあります。最近では、ネットで探せば物件の情報が一覧になって情報が出てきて非常に便利なので、気になる物件があれば、「Google マップ」で場所を検索して、実際に足を運ぶことが多いです。

他にも、**国土交通省の「土地総合情報システム」**は、相場観を養うために非常に便利なサイトです。不動産の売買をすると、国土交通省からアンケートが届きます。内容は「いくらで取引しましたか？」という取引価格を確認するものなのですが、任意のアンケートなのでその地域で取引された不動産のすべての取引価格が把握できるわけではありません。ただ、それでも回答があった取引のみ一覧にして地域ごとに確認できるようになっているので、実際にいくらで取引されたのか目安とすることができます。

物件調査に使えるサイト

目的	サイト名	URL
物件検索	Yahoo！不動産	https://realestate.yahoo.co.jp
物件検索	アットホーム	https://www.athome.co.jp
物件検索	SUUMO	https://suumo.jp
物件検索	ライフルホームズ	https://www.homes.co.jp
物件検索	ハトマークサイト	https://www.hatomarksite.com
収益物件検索	楽待	https://www.rakumachi.jp
収益物件検索	健美家	https://www.kenbiya.com
事故物件探索	大島てる	https://www.oshimaland.co.jp
不動産価格調査	土地総合情報システム	https://www.land.mlit.go.jp/webland/
現地調査	Googleマップ	https://www.google.co.jp/maps

「Yahoo! 不動産」や「アットホーム」などの不動産ポータルサイトは、現状で売りに出ている金額が掲載されているので、実際に取引される金額は表示されている価格よりも安くなるはずです。そのため、よりリアルな相場を知りたければ、土地総合情報システムを見たほうが良いかもしれません。また、物件購入前には「大島てる」で事故物件の情報を確認しましょう。ただし、前述したように中には間違った情報が掲載されている場合もあります。事故物件かどうかは、不動産会社に聞いたり、購入前の重要事項説明や、売主からの「告知書」で確認するようにして下さい。事故物件を購入するのは、どうしても心理的に無理だという人は、避けたほうが良いでしょう。しかし、僕は事故物件でも気にせずに買うことがあります。

事故物件であるならば、安く買えば良いだけの話ですので、あらかじめ知っておくことで値引き交渉の材料になるのです。

不動産投資の対象は、エリアでいうと地方、都市部。新旧でいうと中古、新築。種類でいうと区分所有、一棟もの、一戸建て。構造でいうと木造、鉄骨、ＲＣ（鉄筋コンクリート造）などがあります。その他にもＳＲＣ（鉄骨鉄筋コンクリート造）などもあり、見た目だけではわかりにくいので、細かい違いは気にしなくて良いと思います。

結局、どの選択をしてもメリット・デメリットがあります。

たとえば一棟ものは多くの入居者を確保できるため、家賃収入も多く見込めます。ただし物件価格が高く、東京や大阪などの都心部の物件ならば、億単位が当たり前です。

これに対して区分所有は物件価格が安く手頃ですが、管理費・修繕積立金を払うので、その分手残りは少なくなります。どれを選んでも一長一短はあるのですが、不動産投資初心者であれば、区分所有のワンルームや古い戸建てなどの小さな物件を現金で買うところから始めることをお勧めします。

実は不動産投資初心者の方が絶対に手を出してはいけないタイプの物件があります。それは、**新築ワンルームマンションです（個人的な見解です）。**ダメというか、僕の投資スタイルに「合っていない」という言い方が正しいです。新築区分は、多くの宣伝広告費や新築というプレミアム代が含まれ販売価格が高いため、ローン返済額が大きく、部屋が埋まっていたとしても常に赤字のケースが少なくありません。節税になるから、将来資産になるから、といった営業トークに乗せられて買ってしまうと、悲惨な目にあうかもしれないので注意して下さい。

マイホームだと新築が好まれますが、不動産投資ではリスクを減らすためにも、中古を選ぶべきだと思います。理由は短期間での回収が可能で収益性が高いからです。物件のタイプやエリアにもよりますが、物件価格は中古のほうが新築より大幅に安いです。さらに、新築の家賃は年々下落していくことを考慮しておかなければなりませんが、中古物件は家賃が急激に下がることはありません。そのため比較的安定して収

不動産投資家
年数ごとの購入層のタイプと物件の特性

新築：富裕層・新築信者 ➡ 築10年：上級者　新しい方が好きな人 ➡ 築20年：中級者・初一棟物件購入者 ➡ 築30年：中級者・初一棟物件購入者 ➡ 築40年：初心者・古いのが好きな人・予算が少ない人

購入金額：高い ⟷ 安い
家賃収入：多い ⟷ 少ない
メンテナンスにかかるコスト：低い ⟷ 高い
利回り：低い ⟷ 高い
出口戦略：見えやすい ⟷ 見えにくい
固定資産税：高い ⟷ 安い

入を得られます。

なお、中古のデメリットは、物件が古いだけに、修繕のリスクが高くなることです。購入後修繕にお金がかかるケースは多くなりますが、入居者からいただく家賃や敷金を修繕に充てることもできますので、意外と何とかなるものです。

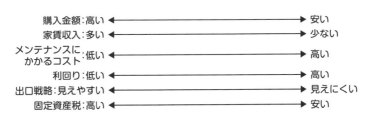

入居需要の高い物件かどうかイメージする

収益を着実に上げられるかどうかは、**あなたが入居需要を正しくイメージできるかどうかにかかっています。**その物件にどういう人が住み、そして、どのように生活するのかというところまでイメージできれば、その物件には入居者がつくでしょう。しかし、この物件に住むお客様の層のイメージができないのであれば、あなたはその物件を購入すべきではないということなのです。どういう人がそこに住んで、どう幸せに暮らすのか、しっかりイメージできる人が買って利益を出すだけの話です。

たとえば、日当たりが悪く暗いイメージしか湧かない物件があったとします。イメージ力の弱い人は、「こんな物件だめだ！」というイメージしかできません。しかし、共働きで寝る場所だけ確保したいという人たちにとっては日当たりは関係ありません。むしろ、夜勤が多い人からすると、陽当たりが悪いほうが、気持ちよく眠れることができて、都合が良いかもしれません。また、休みの日は外で遊びたいというアウトドア派の人からすると、仕事や遊びで日中は必然的に家にはいません。つまり、このような人たちにとっては、住まいの日当たりなんて部屋選びの重要な問題ではないのです。このように、より多くの入居者の立場に立って物件を見ることで、入居需要がイメージでき、不動産投資で勝ち組になっていくのです。物件の価格や利回りといった表面的な数字も大事ですが、そうした数字よりも、どれだけ入居者の目線に立てるか、どういう人がここに住んで幸せに暮らすことができるのか？　をしっかりイメージできることが、最も重要なのです。

不動産業は生身の人間を相手にします。この物件を自分が貸して、このぐらいの金額で貸し出したときに、どういう家族、どういう人が暮らすのだろうか？　と、借りてくれた人が幸せになるイメージが思い描けるような物件であれば買って間違いありません。入居者であるお客さんの立場に立って、ここに住んだらいかに快適か、住みたいか、住みたくないかなどの判断基準を持って、物件を見極めることが大事です。必要なのはその場所に住む生活者の視点なのです。

初心者は避けたい企業城下町

企業城下町とはある企業の発展とともに街が形成されたエリアをいいます。**企業城下町は、不動産投資の初心者は避けたい場所です。なぜならば、自分の力ではどうにもならないことがあるからです。**三重県の亀山市というところに、かつてシャープの液晶テレビを製造する工場がありました。この工場ができた当初、工場で働く従業員の住むところがなく、工場付近に大量にアパートが建設されました。シャープの従業員の入居需要と入居者の身元が確かであるということで、アパートを建てる地主が多かったのです。

しかし、時代というものは移り行くもの。シャープが液晶テレビの国内生産から撤退することになり、「世界の亀山ブランド」は幕を閉じます。工場で働く人がいなければ入居需要はもともとの入居需要に落ち着くのが自然です。工場の従業員特需のような入居需要は激減。それを当てにしていたアパートは空室が目立ち、家賃も大幅に下げざるを得なくなりました。もちろん、中にはシャープが国内生産から撤退する前に物件を売り抜けた人もいますが、売りそびれてしまった人も多かったと思います。

リーマンショックの時、愛知県ではトヨタ自動車の自動車生産高が大幅に激減しました。これを受けて下請け工場で働いていた多くの外国人の労働者の人たちは、一斉に帰国し、愛知県の東側である三河地方では大量の空き部屋ができるアパートもあったと言います。

企業が生み出す特殊な入居需要のもとでは、駅前の一等地であっても油断はできません。売主の中には、企業が数年後に撤退するということを知っていて、そのことをあえていわずに企業城下町の物件を販売しようという会社もあるからです。駅前の一等地だからといって、よく調べもせず購入してはいけません。一等地なのに買ってみたら、入居需要がほとんどなかったなんてこともあるかもしれません。このようなことは企業だけでなく、大学を中心とした学園都市にも当てはまります。工場や学校が建設されたことによる入居需要だけに頼る不動産投資は、初心者にはリスクが高いといえます。特殊な入居需要があるエリアの投資は、もう少し経験を積んでから購入しても遅くはありません。

今、似たようなことが起きているのが、僕の生まれ故郷の兵庫県淡路島です。人材派遣会社のパソナグループが本社を淡路島に移転することを発表しました。2023年度末までには、1200名の社員が本社で勤務する予定とのことです。周辺地域から通勤をする人もいるでしょうが、淡路島に移住する人も増えました。このため、パソナグループの発表をきっかけに、住宅需要が増え、坪単価が3倍になった場所もありました。

パソナグループは、本社移転だけでなく、淡路島の商業施設も開発しています。海沿いを南北に走る淡路サンセットラインのドライブコースに、海の見える商業施設やレストランなどを建設しました。とはいえ、会社の決定は、今後どうなるか見通せるものではありません。東京の地価が下がって、経営的に本社を東京に移したほうがいいという判断が下されれば、淡路島からパソナグループが撤退するかもしれません。企業の撤退リスクというのは常にあります。

大企業の入居需要で成り立っているという地域は、大企業が撤退した後の入居づけに非常に苦労するので、注意すべきエリアです。

不動産の収益計算

不動産投資で儲けるための正しい収益計算

不動産は定価がないといいましたが、購入するときには、投資対象として適切な価格で売られているかどうかを判断しなければなりません。そうでないと、高値でつかむことになります。そうなると元を取るために家賃を高く設定しなければならなくなり、入居者が集まらなくなったりします。

不動産の適正価格を知るためには、さまざまな方法があります。家賃収入や必要経費を積み重ねて計算する方法が**「積算法」**です。

そして、最もポピュラーなものとして、想定される家賃収入などから、不動産価格を知る**「収益還元法」**があります。

たとえば、1年間の家賃収入（純利益）が1000万円で、物件周辺の同じような物件が8％の利回りの場合、直接還元法で計算すると、1年間の純利益（1000万円）／物件周辺の利回り（8％）＝1億2500万円（物件の価格）が取得する物件の購入金額の目安となります。

僕の場合は、いったん家賃収入による収益を除外して、物件の本来の価値だけで適正価格を考えることにしています。なぜならば、家賃収入が思うように得られなかったとしても不動産としての本来の価値で購入していれば、物件を売却して、元を取ることもできるからです。つまり、出口戦略を考えた上で、物件を購入しているということです。得しようと考えるのではなく、「損さえしなければ最後は得になるはず」という思考を持つと気楽でストレスなく、物件を購入できます。

物件の本来の価値で不動産を買うということはとても大切

本来の不動産の価値が５０００万円で、近隣の賃料相場の事例が８％（４００万円／年）の物件があったとします。それが…

①物件価格７０００万円　家賃収入７００万円／年（物件価格に対して利回り10％、相場に対して物件価格は２０００万円高い）

②物件価格５０００万円　家賃収入４００万円／年（物件価格に対して利回り８％、物件価格も利回りも相場基準）

③物件価格４０００万円　家賃収入２８０万円／年（物件価格に対して利回り７％、相場に対して物件価格は１０００万円安い）

で、それぞれ売られていた場合を検証しましょう。
経費や税金はここでは考慮しません。概要がつかめれば良いので細かいことは気にしないようにしましょう。細川流の投資術は『ざっくり、でも間違いなく、そしてスピーディーに！』が鉄則です。タイムイズマネー！　不動産投資を続けていると、そのうち時間をかけて緻密にやるより、多少利益率が落ちたとしてもざっくりスピーディーに行動した方が得になるくらい自分の人件費の方が高くなる時が来ます。迅速に損得勘定ができるような習慣をつけていきましょう！

では、本題です。

①は利回りがいいのでなんとなく得な感じがします。10年もっていればペイできるなって感じです。それに比べて②はペイするのに12・5年かかってしまいます。①と比べて家賃収入も年額で３００万円も減ってしまいます。③に至っては利回りも一番悪く、回収するのに14・28年もかかってしまいます。これでは話にならないと思われる方も多いでしょう。

しかし、僕が買うなら間違いなく③を買います。もしくは②。①だけは何があっても買いません。①派の人は本日をきっかけに考え方を改めて下さい。

人はなんでも楽観的に物事を考えるものです。①を選ぶ人は10年間賃借人が退去しないことを前提で物事を考えています。もしくは、退去されたとしても同じような条件で新しい賃借人がすぐ付くと考えているに違いありません。これが大きな落とし穴なのです。

そもそもこの不動産は不動産の本来の価値として査定すると5000万円、近隣相場から考えると家賃の平均利回りは8％ですので400万円／年が適正な不動産です。現在の状況は明らかに賃料設定がおかしいのです。借りてくれている方がよっぽどお金持ちでボーっとしている方ならずっと借りていてくれるかもしれませんが、そんな事は万に一つもありません。必ず他より高いと気づき、賃料交渉をされるか退去して他に移られてしまうでしょう。もしくは、何か問題のある借主かもしれません。いずれにしても不自然でリスキーなのです。②は相場どおりなのでまあ、問題はないでしょう。③はたまにあるのですが、不動産の本来の価値はもっとあることは売主もわかっているのですが、相場より安く貸してしまった為、自分の持っている不動産の物件力に自信がなく、少しお値打ちに売り出してしまったというケースです。こういうのはいいですね！　そもそも本来の不動産の価値より安く購入しますので、銀行の融資も付きやすいですし、転売しても損するケースは少ないでしょうし、万一今借りている人が退去しても、もっと良い条件で貸せる可能性の方が高いので、リスクというリスクがほとんどありません。ですので、皆さんも利回りだけで購入検討をするのではなく、不動産の本来持つ価値をしっかり見極めて収益物件は購入して下さいね。

各物件の未来予想図を掲載していますので、ぜひご覧下さい。

【3年で退去されてその後4700万円で売った場合】

※本来の価値より1年あたり100万円建物価値が減額されたと想定して試算

売却価格＋保有期間の家賃収入－購入価格＝損益

①4700万円＋700万円×3年－7000万円＝▲200万円

②4700万円＋400万円×3年－5000万円＝900万円

③4700万円＋280万円×3年－4000万円＝1540万円

【5年で退去されてその後4500万円で売った場合】

①4500万円＋700万円×5年－7000万円＝1000万円

②4500万円＋400万円×5年－5000万円＝1500万円
③4500万円＋280万円×5年－4000万円＝1900万円

【8年で退去されてその後4200万円で売った場合】
①4200万円＋700万円×8年－7000万円＝2800万円
②4200万円＋400万円×8年－5000万円＝2200万円
③4200万円＋280万円×8年－4000万円＝2440万円

いかがでしょうか？

①の借主が相場の倍近くの賃料で8年借りて下さったとして、やっと②や③と変わらない位の利益しかとれません。果たしてそんなラッキーなことが続くでしょうか？万一購入した翌日退去されたらわずか1日で2000万円の赤字確定です。また、途中で退去されたとしたら、次に入居される方は相場の年額400万円程度（築年数が進めばもちろん賃料ももっと下落していく）でしょうから当初は10年で回収予定だっ

たものが、下手したら20年近く回収にかかってしまう可能性もでてきてしまうわけです。

それと比べて③は適正価格より安価で購入していますので爆発力こそありませんが、早い段階から利益を確定して不動産賃貸業を営めますので、こんな安心なことはありません。担保余力もありますので、金融機関さんからの今後の融資も受けやすいはずです。

目先の利回りではなくて不動産の本来の価値（本質）を見極めて選ばないといけません。これは人間関係にも言えるかもしれませんね。

立地の良い物件、人気のある地域が儲かるとは限らない

立地の良い物件や人気のある物件を買っておけば、不動産投資は成功すると考えている人もいるようです。しかし、その考え方には落とし穴があります。不動産を探しているお客さんの話を聞いていると、**とても多いのが、「好立地の物件で、安い物件が欲しい」という話です。**

そんな物件が存在するのであれば僕が欲しいくらいで、好立地の物件で安いものは存在しません。あってもすぐに売れてしまうため、そうしたものを探すだけ時間の無駄です。好立地の物件は、値段が高くなってしまうので投資額が高い割にリターンが少ない場合が多く、好立地ならば無条件で儲かるとは限らないのです。

確かに好立地の物件は、入居者に困ることはないでしょう。しかし、投資は安全なものほど利回りが低いというのが基本です。逆に言えば、立地が悪い物件でも安く買うことができる物件であれば高い利益が得られる可能性のある物件になります。

安い物件を見つけることができたとしても、儲からなくては意味がないし、好立地でも、収益が上がらなければ意味がありません。こだわるべきは、好立地でも人気エリアでもなく、「儲かる物件」なのです。物件を探す際は、このことを忘れないで下さい。

引越しが苦にならないのなら自宅も投資対象として考える

僕は、自宅も会社の事務所も買っては売ってを繰り返しています。自宅は10年前後で引越してきましたが、環境が変わると断捨離もできるし、心機一転がんばる気分になれて、なかなかいいものです。**もし、引っ越しに抵抗がないのであれば、自宅も投資対象として考えてみることをオススメします。**

住宅ローンを組める属性だけど、貯金ができないという方は、まず家やマンションを買ってしまうのが手っ取り早いと思います。何度も言うように、不動産は定価がありませんので、所有者が値段を決めることができます。２０００万円で買った家ならば、２５００万円で売り出してみれば、単純計算で５００万円利益がでます。毎月の支払いは賃貸で家賃を払っているわけではなく、自宅のローン返済に充てているので無駄にもなりません。

ただ最近は、戦争や新型コロナウイルスの影響で、新築物件の価格が高騰して中古物件との価格差が大きくなっています。そのため、新築マンションや新築戸建てを買

建物の価格と築年数の関係

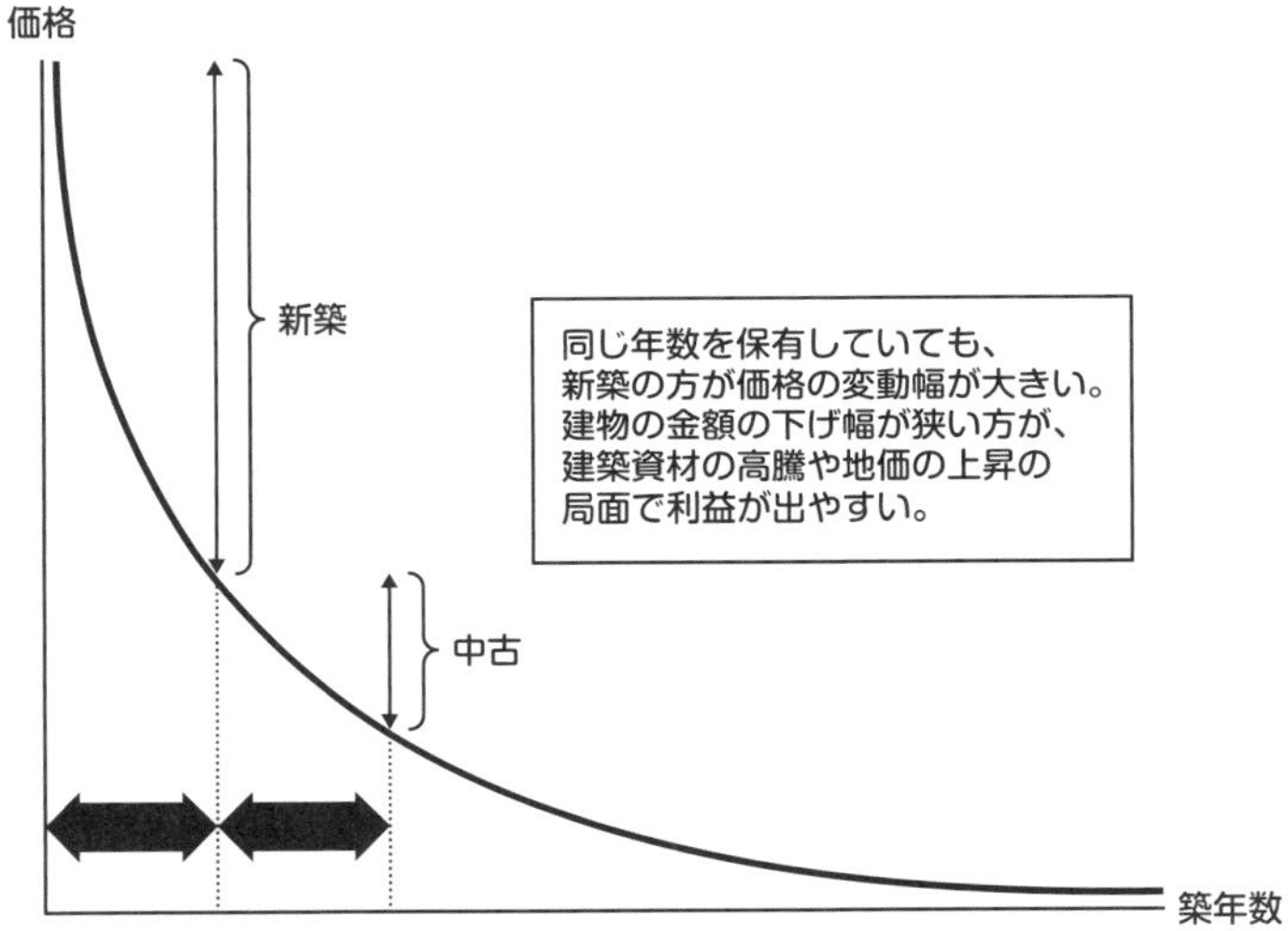
価格
新築
中古
同じ年数を保有していても、
新築の方が価格の変動幅が大きい。
建物の金額の下げ幅が狭い方が、
建築資材の高騰や地価の上昇の
局面で利益が出やすい。
築年数

ってしまうとそれより高く売ることは難しいため、転売を考えるのであれば中古物件をオススメします。

新築物件の価格は緩やかに下落していくのではなく、最初の数年で激減します。その後は築年数が古くなるにつれ、緩やかに下落していきます（上の図参照）。そのため、中古物件のほうが売却益が出やすいので、中古・新築にこだわりがないのであれば、割安だと思う中古物件を買って、住みながら引っ越したい時期になったら売りに出すことをオススメします。

不動産投資物件の探し方

不動産投資で実際に購入する物件はどのように探すのでしょうか。ここで、不動産投資二大サイトをご紹介したいと思います。

楽待
https://www.rakumachi.jp

健美家
https://www.kenbiya.com

この2つは、不動産投資で物件を探されている方なら誰もが見ているサイトです。たくさんの投資物件が掲載されているというメリットはもちろんありますが、個人の不動産投資家も見ていますし、僕たちプロの不動産屋も見ているので、多くの競合の中で利益を出せる物件を探さなければいけないしんどさもあります。

お眼鏡にかなう物件があればもちろん購入して良いと思うのですが、滅多にお目にかかれません。そこで次にスーモやアットホームなどの一般の不動産ポータルサイトの中古住宅や中古マンションも見てみましょう。そこに気に入った物件があれば、今度は同じポータルサイトの賃貸を見ます。気に入った物件の存する地域の賃貸相場を調べて、自分の満足いく収益が確保できる賃料設定の地域か確認するのです。納得いけば購入して貸家貸マンションとして募集をかけて希望通りの賃料を得て賃貸経営をされれば良いと思います。

要は魅力的な収益物件が無いのであれば、物件を『探す』ではなく自分で『創って』しまえば良いだけなのです。与えられた情報から儲けようだなんてむしが良すぎます。しっかり自分で思考して利益を出せるような行動をとっていきましょう！

ちなみに現在の弊社のラジオCMの全体原稿はこのようになっています。

『不動産は『探す』から『創る』時代へ！　無いなら創れ！　不動産SOS！』

投資物件の情報サイトの見方

先ほどご紹介した投資物件情報サイトで物件を検索するときに、注意しなくてはいけないことがあります。

それは、物件自体に問題がある場合です。**たとえば、同じマンション内で大量に部屋が売りに出ているような物件は注意しましょう。**そういう物件はマンション自体になんらかの問題があり、売られていることが多いので注意が必要です。実際に現地を確認してみると、物件の中だけでなく共用部までがゴミだらけであったり、物件のあらゆるところがやんちゃな人達のたまり場になっていたりという場合があります。

また、立地条件や住環境があまり良くないのに、満室の物件もちょっと注意が必要です。というのも、満室状態を維持し、魅力的に見せるために、大家さんが知り合いを住まわせているケースがあるからです。物件が売れたと同時に、入居者が１人減り、２人減りと続き、満室だった物件が、３カ月以内に入居者が半分以下になってしまったという話も聞いたことがあります。

僕が購入した物件でも同じようなことがありました。満室で価格も安かったので購入したところ、売買契約が成立した1週間後に入居者が退去し、入居者が半分以下になってしまいました。

もちろん、ただの偶然かもしれませんし、大家さん（売主）が行った悪意ある行動かもしれませんが、調べようがありません。入居者が退去したからといって、売買契約を取り消すことはできませんので注意が必要です。

このようなケースは、**入居者の賃貸借契約日や契約期間などの賃貸借条件を一覧表にした「レントロール」**を購入予定の不動産会社から見せてもらうことである程度は推測がつきます。本当に入居実績があるかどうかを調べるのです。もちろん、ダミーのレントロールを作るという悪質なところもあるかもしれませんがそれはもう物件内容に不自然な点はないかしっかり見極めて判断していくしかありません。その他の対策として、近所にある同じような規模の物件で、**入居需要があるのか確認することも必要です。**洗濯物が干してあるか、郵便物がたまっていないかなど、同じような物件で本当に入居需要があるかどうかを確認しましょう。周辺の同じような規模の物件の空室が目立つのに、購入したい物件だけ満室なのは、どう考えても怪しいからです。

不動産会社にアプローチする

買う物件を決めたら、不動産会社に購入の意思を伝えましょう。物件検索サイトでは、仲介している不動産会社の情報が出ているはずですので、そちらに連絡をしてみましょう。不動産投資用の収益物件を扱っている不動産会社では、他にもさまざまな物件情報を持っていることがあります。そうした情報をいち早く営業マンから引き出すことが大切です。

不動産会社の営業マンも人間ですから、好きなお客さんに良い物件を紹介したいと思うものです。営業マンと仲良くなり、物件情報を教えてもらいましょう。ただし、ただ仲が良いだけではダメで、良いお客さんとして営業マンから認められることが大切です。先日、すごく良い物件が出たので、僕の友人にオススメしました。僕はあまり友達に不動産を勧めないタイプなのですが、珍しく声をかけてみたのです。しかし、友人が購入を迷っている間に売れてしまいました。

ですから、購入の決断が早いお客さんになることも必要です。良い物件は競争が激しく、長々と検討している間に他人に買われてしまいます。悩む気持ちもわかりますが、営業マンに根掘り葉掘り情報を聞いて、結局買わなかったということを繰り返していると、**営業マンからの信用もゼロ**になってしまいます。不動産屋は、判断が早くて細かいことを言わない人を好みます。ぜひ営業マンに都合の良いお客さんになって、ライバルよりも早く、良い物件情報を手に入れましょう。

不動産の取引に必要な「重要事項説明」

不動産の売買契約をする前に、その契約を仲介する不動産会社は買主に対して、購入物件の重要事項の説明をする義務があります。

そのことを**「重要事項説明」**といいます。契約に関する重要な情報が記載された書類を「重要事項説明書」といいます。略して「重説」ともいいます。

重要事項説明は法律に基づいて、宅地建物取引士（宅建士）が行うことが決まっています。話を聞いて、納得し、契約書類も問題ないと判断すれば、売買に関する契約書を取り交わすことになります。

重要事項説明は物件についてのさまざまな事項が書かれています。中には所有することで不利益になることも書かれているので、じっくりと聞きましょう。重要事項説明を受ける前に、事前に重要事項説明書を取り寄せることもできるので、事前に取り寄せてチェックするのも良いでしょう。精査しないまま契約をしてしまうと、後になってから問題が発生したときに対処することができません。気になるところは、詳しく説明を受けるようにしましょう。

重要事項説明書には、大きく分けて「物件に関する事項」と「取引条件に関する事項」が記載されています。では、それぞれ説明します。

「物件に関する事項」には何が書かれているのか？

所在地や土地建物の面積、所有者や担保権者などの登記簿の記録や都市計画法などの法律に関することが記載されています。

ここで確認すべき点は次のとおりです。

- 売主が契約する相手と異なるなどの権利関係に問題はないか？
- 建築基準法など法令上、契約の目的に障害があるような制限を受ける物件ではないか？
- 計画修繕積立金・管理費が説明を受けた金額と同じか？（マンションの場合）
- 特別な一時負担金や滞納がないか？
- 道路の幅が建築基準法の基準を満たしていないなどの問題で再建築が不可の物件ではないか？
- 告知事項はないか？

などです。

接道義務とセットバック

建物の敷地と道路の関係は、物件の価値に大きな影響を与えます。物件を購入するときには、建物の敷地がどのような道路に接しているのか、正しく確認しましょう。

建物は道に接していることが義務づけられています。これを**接道義務**といいます。

建築基準法で定める道路は、**原則として「幅4メートル以上」**とされています。そして、都市計画区域（および準都市計画区域）内においては、法律で規定された道路に2メートル以上接する敷地でなければ、家の建築が認められません。

接道義務があるのは、万が一の災害や事故に備えるためといわれています。道路の幅が4メートル未満だと、緊急車両が通りづらくなったり、避難に手間取って逃げ遅れたりすることが考えられるからです。

しかし、古い街並みが残る下町のエリアなどでは、実際に4メートルに満たない道

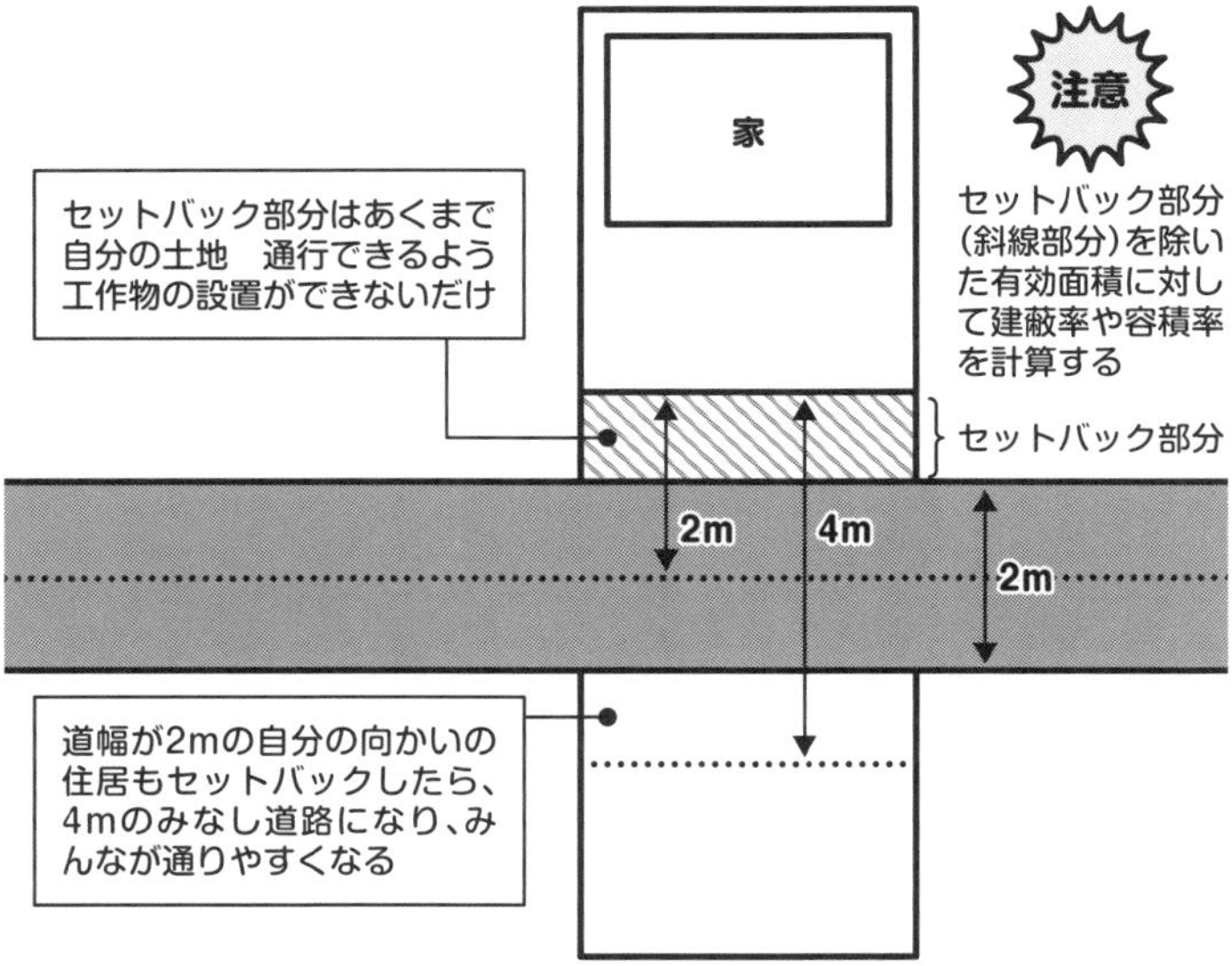

家
注意
セットバック部分(斜線部分)を除いた有効面積に対して建蔽率や容積率を計算する
セットバック部分はあくまで自分の土地　通行できるよう工作物の設置ができないだけ
セットバック部分
2m
4m
2m
道幅が2mの自分の向かいの住居もセットバックしたら、4mのみなし道路になり、みんなが通りやすくなる

路を見かけることがあります。これらの狭い道を道路ではないとしたら、生活ができなくなってしまいます。

そこで、幅4メートル未満の道路でも、特定行政庁（都道府県知事または市町村長）が指定した道路については、**建築基準法上の道路として扱うことにしています。この道路は建築基準法の42条2項にあたるので「2項道路」や「みなし道路」とよばれています。**

ただし、道路とみなす代わりに、2項道路には条件が設けられています。2項道路に面した敷地に建物を建てる場合、道路の中心線から2メートルの位置まで、

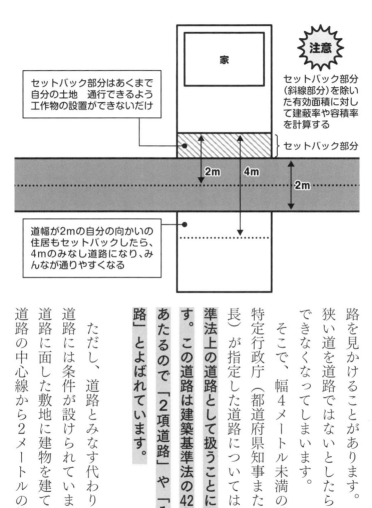

敷地を後退させる必要があります。この敷地後退を「セットバック」といいます。セットバックさえすれば建物を建てられますが、その分、土地を自由に利用できるスペースが減ってしまうことになります。近隣の方や自分の身を守るためですので、前向きに捉えて下さい。

「取引条件に関する事項」には何が書かれているのか？

こちらには不動産の特性ではなく、取引条件自体に関して書かれています。契約内容の簡易版だと考えて頂いて、問題ありません。

売買代金
手付金額やその他精算されるべき物の金額や内容
解約に関する事項
損害賠償の予定又は違約金に関する事項
買主の融資に関わる事項（融資予定額、金利、年数、予定金融機関、融資未承認の

場合の契約解除期限）

契約不適合を担保すべき責任に関する保証保険契約等の措置について

その他

こちらでは事前に不動産屋さんから受けていた説明通りの取引条件か内容が確認できます。事前に聞いていた話と異なる場合や自分の希望する条件でない場合は契約前にこの段階で断ったり訂正を求めたりできますので、安全に契約に臨むことができます。

流し読みせずにしっかり内容を把握しながら説明を受けて下さい。

不動産の購入に必要な費用

不動産を購入するために必要な費用をきちんと見積もっておきましょう。税金や諸費用を合わせて、物件の購入金額の５〜10％ぐらいといわれています。

売買契約や決済をするときに必要な費用

●印紙税

印紙税は、不動産の売買契約書やローンを組むときの金銭消費貸借契約書の作成に必要な税金です。契約書に貼り付け、印鑑を押すことで納税したことになります。売買契約書に書かれている売買金額によって税額が変わります。

金額を抜粋すると、次のようになります。

契約書に記載された金額が500万円を超え1千万円以下　1万円
契約書に記載された金額が1千万円を超え5千万円以下　2万円
契約書に記載された金額が5千万円を超え1億円以下　6万円

しかしながら2023年10月現在は、500万～1000万の時は5000円、1000万～5000万の時は1万円、5000万～1億円の時は3万円、と、軽減税率が適応されています（2024年3月31日までの間に作成される契約書について）。
また、それとは別にローンを組む場合は、金銭消費貸借契約書にも必要となります。

物件の引き渡し時に必要な費用

購入する物件は、不動産登記が必要になります。不動産登記とは、不動産に関する情報を記録して公に示すものです。この不動産はどこの誰のものなのかということを公的に示すために必要です。登記した記録はデータとして管理され、法務局で費用を払えば、誰でも登記されているデータを見ることができます。

購入した物件を法務局に登記するための費用やその他物件引き渡し時に必要な費用を紹介していきます。

●登録免許税

土地と建物にそれぞれ登記が必要になり、登記には、**登録免許税がかかります。**登録免許税の税額は課税評価額×税率です。通常は固定資産税評価額に2％を乗じたものです。新築住宅の場合、床面積が50㎡以上であれば税率が軽減される場合があります。

融資を受ける場合には、抵当権を設定します。抵当権とは、ローンを返済できずに、不動産が競売にかけられた場合、競売代金から金融機関（貸主）が、優先的に貸付金を返済してもらえる権利です。この抵当権の設定に登録免許税がかかります。同じように一定の条件を満たすと税率が軽減されます。

○司法書士の報酬

物件の所有権の保存登記、移転登記や抵当権の設定などは、一般的には、司法書士が行います。そのための報酬費用は10万円～20万円程度です。

○固定資産税や都市計画税

固定資産税は、固定資産（不動産）を所有している人に対して課税される市町村税です。都市計画税は、都市計画事業などに充てることを目的とした税金です。この2つの税金は毎年1月1日に固定資産課税台帳に記載されている人に課税されます。

不動産の売買では、引き渡しの前日までの分を売主が、引き渡し以降の分を買主が負担するという内容で契約することが多く、売買代金とは別に清算します。

○不動産仲介手数料

不動産会社に支払う手数料です。物件の価格によって手数料の金額が変わります。

仲介手数料がなぜ3%＋6万円＋消費税なのか？
※売買代金をxとした場合

200万円×5%＋200万円×4%＋(x-400万円)×3%
=10万円＋8万円＋(x×3%-12万円)
=x×3%＋6万円
↓
x＝売買代金の3%＋6万円(消費税別)

２００万円以下の部分　物件価格×５％×消費税
２００万円超　４００万円未満の部分　物件価格×４％×消費税
４００万円以上の部分　物件価格×３％×消費税

大変わかりにくいですが、よく仲介手数料が３％＋６万円＋消費税と言われるのは、この３段階に分かれている計算式をひとつにしたものです。

●ローン手数料

融資を受ける際に必要になる手数料です。金額は金融機関によって変わります。５万円から10万円程度、もしくは借入額の２％程度など、金融機関によってまちまちです。

●損害保険の保険料

火災保険や地震保険の保険料です。火災保険は火災や台風などの自然災害によって建物や設備が損害を受けた場合に支払われるものです。地震に対する損害は別途、地震保険に入る必要があります。保険料は物件の価格や構造・規模オプションなどによって変わります。

購入後しばらく経ってから払う税金

○不動産取得税

その名の通り、土地や建物を取得した際にかかる税金です。購入後、物件の所在地の都道府県から納税するように通知が届きます。税額は原則3〜4％（売買金額でなく評価の）で、新築住宅の場合は軽減税率が受けられます。

免税点などもあり複雑ですので、正しい税額については、税理士などに確認するとよいでしょう。ある日、突然何十万の納税のお手紙が届くので、不幸の手紙のように感じる方もいるかもしれませんが、納税は国民の義務です。日本にいるからこそ不動産投資が行えますので、笑顔で納税しましょう。

固定資産税と建物の関係

不動産の保有期間中にかかる税金が、**固定資産税・都市計画税**です。固定資産の所有者に対してかかる税金で、不動産購入後から毎年かかります。固定資産の所在地の市町村が課税し、税額は固定資産税評価額×税率で計算されます。住宅の場合、土地の評価額や建物の税額を軽減する措置があります。固定資産税と都市計画税はセットで課税され、市町村から送付される納税書に従って年４回または一括で納付します。

僕の固定資産税のイメージとしては、国から不動産を賃貸させてもらっていて、その家賃を払っているような感覚ですので、不動産投資のコストとして忘れてはいけないものの一つです。当然、価格交渉などはできませんが、住宅用地特例といって住宅用地の固定資産税や都市計画税を軽減する、地方税法上の特例措置があります。

住宅用地特例とは、住宅用地については特別に固定資産税と都市計画税の税負担を軽減するものです。この特例が適用されると、小規模住宅用地（敷地面積２００㎡以下）の場合、固定資産税が6分の1に、都市計画税が3分の1に軽減されます。

つまり、どんなに古い物件でも構わないので、土地に建物を残しておくことで、土地の固定資産税を6分の1に軽減することができるというわけです。逆に言うと、古いからといって建物を壊してしまうと、建物の固定資産税はかからなくなりますが、土地が6倍に評価されてしまうので、税金が高くなってしまうことがあります。

しかし、この住宅用地特例が、老朽化した空き家が放置される要因となっていることから、国はより厳格にこの特例を運用する方向へ切り替えようとしています。これを受けて、管理されていない空家として勧告を受けた場合、住宅用地特例の適用が解除される可能性も出てきました。空家を保有している場合は、早めに売却するか活用するか決めたほうが良さそうです。

物件取得までの期間はどのくらいかかるのか？

購入する物件が決まってから物件取得までの期間は、売主の都合もありますので、早ければ数日、場合によっては2〜3カ月になる場合もあります。また、支払い方法により要する期間も変わってきます。現金で買うならすぐに購入手続きができますが、**ローンを組むのであれば、金融機関側の手続きで、1カ月から1カ月半程度はかかります。**

不動産投資ローンを申し込む時の申し込みの流れを見ていきましょう。

金融機関との面談
←
事前審査
←
事前審査承認
←
本審査
←

本申し込み
↓
金銭消費貸借契約
↓
融資実行・決済
↓
物件引き渡し

金融機関との面談は、第2章をしっかり読んで挑むようにして下さい。不動産投資ローンについて事前相談し、仮審査に合格したら正式な借り入れの申し込みを行い、正式な審査に入ります。ローン審査が行われている間は、借りる側は必要書類を提出すること以外、特にやることはありません。ローン審査は2週間から4週間程度の時間がかかると思っていて下さい。審査が終わったら、金融機関とローン契約（金銭消費貸借契約）を結びます。契約を受けて融資が実行されたら、融資されたお金を元に物件の売り主との間で決済を行い、物件が引き渡しされます。

少ない元手で投資ができるレバレッジのしくみ

収益不動産の購入は、金融緩和が続いている現状では現金よりもローンで買うほうが良いでしょう。その理由は、レバレッジをかけられるからです。

たとえば、現金１０００万円持っている方がそのまま物件を買えば、１０００万円の物件しか買うことができません。ところが**１０００万円を頭金にして９０００万のローンを組めば、１億円の物件を買うこともできます。**少ない元手で大きな投資をすることの方法を「てこの原理」になぞらえて、レバレッジと呼んでいます。投資する金額が増えれば、得られる収入も増えるので、将来のための資産形成をスピードアップすることができます。

ただし、気になるのは今後の金利の動向です。金利が変われば毎月の返済額も変わり、不動産経営が難しくなるかもしれません。

２０２３年11月現在、日本はまだまだ低金利を維持していますが、世界は加熱した

現金1000万円を手付金として利回り10%、1億円の物件を金利2%で9000万円借りて、買った場合		現金1000万円で利回り10%の1000万円の物件を買った場合
1億円分	所有不動産	1000万円分
1000万円	年間賃料	100万円
▲200万円	金利負担	0円
800万円	年間売上	100万円

※利益率が落ちるだけで、借入をした方が年間売上は多くなる（最終的に不動産の量も増える）

インフレを抑えるために、金利を上げています。今後、日本でもインフレが進めば、金利が上がるかもしれません。

ローンの金利にはそのときの情勢に合わせて金利を見直す変動金利と、一定の期間同じ金利の固定金利があります。

リーマンショック前は金利が上がることを恐れて、固定金利を選んでいましたが、金融緩和が行われ、さらに金利は下がってしまいました。

自分が払い終わるまでにどういう金利になるのかは誰にもわかりません。そのため僕はその時に一番安い金利のローン商品を選んでいます。将来、金利がものすごく上がったら、返済額も多くなりますが、景気も良くなったということですので景気に連動して家賃も上がるかもしれませんし、キャピタルゲインの不動産価格も上がっているはずです。また、金利が上がったら、その時に金利が安い金融機関を探して、借り換えをすれば良いだけですので過度に恐れる必要はありません。

不動産投資は、1軒目の買い方がとても重要

不動産投資は、1軒目の買い方が重要です。なぜなら、手元に現金が残るような買い方をしないと、不動産投資を続けられなくなるからです。

たとえば、1億円の中古マンション物件があったとします。家賃収入は毎月50万円（1部屋5万円で全10室）だとしましょう。1億円をすべてローンで調達して、購入したとします。手元に現金はありません。なお毎月のローン返済分が50万円です。仮にここで2部屋空室が出てしまった場合、空室が埋まるまで10万円の持ち出しが発生します。手元に現金があれば、なんとか補てんできますが、手元に現金がなければ、

自分で調達しなければなりません。老後の生活資金のための貯金や給料から埋め合わせをすることになるかもしれません。当然、不動産投資を続けていくのが難しくなります。ローンの借入を増やしても、手元に現金が残るようにしないと、万が一、空室が発生したときに対応することができません。

家賃収入から修繕費用や税金、管理費用などを差し引いた残りが、ギリギリだと不動産投資を続けることができなくなります。

では、管理費用や修繕費用、税金などの支出や空室リスクに対応すべく、毎月どのくらい手元に残るような物件の買い方をすべきでしょうか？　**理想は、すべての支払いを差し引いた時に、全体の家賃収入の3割ぐらい残るような買い方をすべきです。**たとえば、毎月の家賃収入が50万円であれば、手元には現金が15万円ぐらい残るようにしたいものです。これだけあれば、急な空室や修繕が出ても対応することが可能です。

キャッシュフローと細かくにらめっこしても良いのですが、僕はスピード感を大事にしたいので細かいことは気にしません。確実に損をしない目安さえ立てられれば、あとは利益率が高いか低いかだけの話ですので、そこに時間をかけるのはナンセンスです。

節税をうたう物件では手元に家賃収入が残らない

節税をうたう物件では、家賃収入からすべての支払いを引いてそれなりの現金を残すことは難しいかもしれません。それらの物件は家賃収入からすべての支払いを差し引くと、ギリギリか少しマイナスになってしまうものが多いからです。

よく富裕層限定で節税対策投資用マンションを販売しているのを見かけますが、不動産事業で得られる不動産所得を赤字にして節税をうたっています。不動産所得が赤字になっていると、確定申告のときに給与所得でたくさん納めた税金から損失分を還付されるので、得した気分になるというしくみです。

しかし、なんとなくには得した気分になりますが、赤字が出ているということは、事業がうまくいっていないということなので、その物件を持ち続けている限り、赤字が続くということなのです。こういった物件を選ぶのは極力避けたほうが良いでしょう。

第３章

まとめ

購入資金が調達できたら、いよいよ投資を始めるために物件を購入します。購入をする物件は入居需要のあるエリアの物件を購入しましょう。

購入しようとする物件に入居者がどうやったら住んでくれるか自分の中でイメージをして、自分も住みたいと思うような物件に投資するようにしましょう。

購入はローンを活用すると、投資効率が高まります。

小難しい収益計算は必要ありませんが、家賃収入から管理費、修繕費、税金などの諸経費を差し引いて、手元に家賃収入の３割が残るような買い方をしましょう。

家賃収入のほとんどをローンの返済に回すと、ちょっと空室が出るだけで、不動産経営は苦しくなってしまいますし、次の物件を購入したくなります。手元に現金を残し、余裕のある不動産投資を心がけましょう。

第4章

物件を魅力的なものにする（レベル3）

不動産投資の成功思考

変わらないのは過去と他人、変えられるのは未来と自分、

物件の収益力を上げよう

工夫次第で収益力を上げられる魅力

レベル3では物件を購入したら、その物件の価値を少しでも上げる努力をしていきます。

家賃収入はよく不労所得と言われることがありますが、これは半分正解で、半分間違いです。何もやらなくても家賃収入は入ってきますが、**手を加えれば加えるほど、空室も減りますし、入居者が増え、収益も上がることが少なくありません。自分でコントロールできるのが不動産投資の魅力です。**

僕は、自分が持っている駐車場の草むしりなどはこまめに行っています。夏場は雑草の成長が早いので人を雇って草刈りに行ってもらっています。

物件がゴミだらけ、草が生え放題では借りたいとは思えないでしょう。だから、清掃してきれいに保つことは必要です。中古の物件は物件が古いので新築と比べるとどうしても見劣りしてしまう場合が少なくありません。そうした場合は自分で手を加えることで、物件の魅力を上げて、空室を減らす努力が必要になります。**相場よりも安く購入できた物件は、管理が行き届いていなかったというものが多いはずですので、まだまだ伸び代もあるわけです。**

もちろん自分で清掃ができない場合には管理会社に依頼できます。物件管理の主な業務は家賃の入金管理ですが、清掃なども依頼ができます。しかし、たまには自分で物件を見に行って、清掃の状態を確認するというのも良いと思います。特に外観や共用部分は、入居希望者が物件の内覧で重視することが多いので、清潔にしておきましょう。

物件がどこに建っているかにもよるのですが、繁華街の近くでは物件の中にゴミを捨てられるケースもあります。また、物件のゴミ置き場に入居者以外の人が出入りできる環境だと、粗大ゴミを勝手に捨てられるケースも少なくありません。放置するわけにもいかないので、処分費用はすべてオーナー持ちです。痛い出費ですが、そのゴミが原因で物件自体の価値が下がっては元も子もありません。すぐに対処しましょう。

物件を管理する

物件の管理は大きく分けて2つあります。**一つは入居者管理ともう一つは建物管理です。**この管理業務を不動産会社（管理会社）に依頼することもできますし、自分で行うこともできます。物件管理の品質を上げていくことで、物件の収益力を上げられます。不動産会社に管理業務を依頼する場合、その費用は家賃収入の3〜10％だとされています（依頼する範囲、物件の立地、難易度、入居数など物件特性や管理会社による）。不動産会社に確認しておきましょう。

◦入居者管理

入居者の募集、審査、契約締結や更新業務、家賃の集金代行、家賃滞納の督促《とくそく》や回収業務、入居者の苦情対応、入居者の退去対応など。

◦建物管理

共用部分の清掃や蛍光灯などの交換、建物の点検や補修箇所の確認、オーナーへの報告、退去後のクリーニング、リフォーム、修理の手配など。

共用部分の清掃や庭などの雑草の手入れなど、自分で管理することによって、管理費用を安くできる場合もあります。

修繕費用について

どんな建物でも年月とともに老朽化します。物件の収益力を上げるためには、普段から清潔に保ち、適当な時期に修繕をして、物件の価値を下げないことが重要です。

新築であれば、修繕はすぐには必要になりませんが、建築されてから10年以上経つ物件は次第に修繕が必要になってきます。

そのための費用を修繕費用といいますが、家賃収入の中から修繕費用を少しずつ積み立てておくことが大事です。

戸建てや一棟マンション、アパートの場合、修繕のための費用の積み立ては、自分で準備しておくことができます。しかし、一部屋ごとに購入する区分所有のマンションを購入した場合には、修繕積立金という形で、管理費とともに毎月強制的に積み立てられていきます。

区分所有の修繕積立金は、マンションの管理組合が立てた長期修繕計画に基づいて計算されます。**修繕積立金は築年数が古くなれば古くなるほど高くなる**傾向があるので、年数を追うごとに修繕積立費用が大きな負担になるのです。

また、修繕積立金は物件の全戸数で割り振られます。このため、戸数が少なければ少ないほど修繕積立金も割高になる傾向があるので、戸数が少ない物件は費用が高くなりがちです。

入居者の希望をかなえて、家賃収入を上げる

ライバルの物件よりも選ばれる魅力的な物件にする、または家賃収入を上げるという観点で言えば、入居者が住みやすい物件にすることが必要です。

プロローグにて、ローンの残債がある戸建ての物件を貸し出して、家賃収入でローンを返済し、現在は名古屋の中心部にアパートを借りて住んでいる女性のことを話しました。

戸建ての家賃は10万５０００円に設定しました。立地が悪く駅から遠いところに物件があるので実際の相場はこの家賃よりも１～２割は安くなりますが、僕はあえて高く設定したのです。

その理由は、**「犬猫多頭飼い」をＯＫ**にしたからです。周辺の賃貸物件はペット不可だったり、ペットがＯＫだとしても2匹までといった頭数制限が設けられていたりすることが少なくありません。

女性が所有していた物件は古い中古の一軒家で、借りる人がペットと一緒に生活す

ることで、家が多少傷ついても構わないと話してくれました。そこで、ペットの多頭飼いを了承してもらいました。

入居者候補の方はすでに目途がついていました。多頭飼いをしていて、立ち退きを迫られていたMさんです。僕はMさんに多頭飼いOKにオーナーさんが同意してくれたことを伝えると大変よろこばれて、即入居が決まりました。

ラッキーなことにMさんは、いまのお家の①退去も迫っており、②ペットの多頭飼いOKな物件がなかなか見つからず困っていて、③そもそも、今回の物件よりも、もっともっと田舎で立地の悪い所に住んでいたので、Mさんからすると、この物件はとても魅力的だったのです。

現状でも多頭飼いが許されている賃貸物件はほとんどありません。そのため、一度入居されると退去されることは滅多にありません。こうして、住んで頂く人にも喜ばれつつ、高めの家賃で長い間住んでもらうことができる入居者を見つけることに成功しました。

音が漏れる物件を逆手に取る

似たような事例で、家賃を上げることができた有名な事例をもう一つ、紹介しましょう。物件の構造上、隣の部屋との壁が薄すぎて、生活音が漏れてうるさいというクレームがよく起きるアパートがありました。

そこで、**オーナーは逆転の発想をしました。「ピアノや楽器ＯＫ」、「演奏や練習時に音が漏れても文句を言わない」、「お互いさま」、というルールを作り、楽器の練習をしたい人などを入居者としてターゲットにしたのです。**

こういう物件が音楽大学やライブハウスの近くなどにあれば、入居需要は高いでしょう。立地が多少悪くても、楽器をやっている人は弾けるところがなくて困っていますので、こういう物件はありがたがられるものです。

世の中には、さまざまな趣味を持っている人やさまざまなライフスタイルの人がいます。中には自分の生活や趣味に合った物件が見つからなくて困っている人もいます。

このような人の困りごとを解決することができれば、入居者になってもらうことができます。

物件のルールはオーナーが自由に決めてしまって構わないものです。しかし、ルールを変更するには同じような入居者であることが前提です。たとえば、オーナーが変わって、それまでペット禁止の物件だったのに、ペット可の物件に変更したとしましょう。しかし、もともと住んでいる入居者にペットが嫌だという人がいるかもしれません。そのような場合は住民間でトラブルになりますし、最悪の場合、入居者が退去してしまうこともあるでしょう。ルールを変更する場合は注意が必要です。

入居者を募集する

入居者の募集は不動産会社に依頼するケースがほとんどです。空室が多い場合は、**入居者をつけるのが得意な不動産会社に依頼すると良いでしょう。**そうした不動産会社はインターネットで探しても良いですし、収益不動産を仲介してもらった不動産会社に聞くというのも良いでしょう。また、入居者を決めるための営業報奨金を用意するという手もあります。営業報奨金を使って担当の営業さんがやる気になってくれれば優先的に入居者を決めてくれるかもしれません。

空室が多く、今まで不人気だった物件を人気の物件にするのは意外と簡単です。事業計画書のところでもお話ししたように、物件の近くにある企業などに「社宅として使ってくれませんか？」と交渉したり、近くのボロボロのアパート住人に引っ越しをうながす営業をするなど、やり方はいくらでもあるのです。

また、生活保護制度を利用している人に住んでもらうという方法もあります。生活保護制度を利用している方に家賃が払えるのかと考える人も少なくないのですが、実は、一般の方よりもきちんと払ってもらえます。なぜなら、家賃は本人からではなく、社会福祉事務所から直接払ってもらうことができるので、取りはぐれがありません。これを住宅扶助制度といいます。

入居者募集は簡単です。各自治体の社会福祉事務所に生活保護の方を受け入れている旨を話しておくと、何かあったら思い出してくれたり、生活困窮者のお世話をしているようなNPO法人に生活保護者受け入れ可能な物件があることをPRしておくと良いのです。また、生活保護を受給されている方々は、入居期間が長くなる人が少なくありません。生活保護の人に住んでもらうということは社会貢献にもなりますし、家賃収入が安定して入ってくることにもなるのでぜひ検討してみて下さい。

入居者に家賃保証会社をつける

入居者の連帯保証人とは、入居者が急な病気やケガなどで、家賃を一時的に払えなくなってしまったなど、何かがあったときに責任を持つ人のことです。家賃の滞納が発生した場合、入居者に代わって家賃を支払ってくれます。しかし、2020年4月に、120年ぶりに改正された民法が施行され、連帯保証人の負担額が限定的になりました。また、契約書には極度額を明記しなければならず、長期間、家賃の滞納が発生した場合、連帯保証人だけでは、オーナーのリスク回避が難しくなってきたのです。

そこで、注目したいのが家賃保証会社です。最近では保証人ではなく、保証会社に依頼することが多くなっています。入居者が家賃の1カ月分程度の手数料を支払い、家賃の滞納があれば、入居者に代わって保証会社が支払いをしてくれます。また退去後部屋にゴミなどの残置物があった場合でも、契約内容によっては保証会社の保証で対応できます。

保証会社は、個人と直接取引してくれないことがほとんどですので、不動産会社経由で加入手続きの申し込みをしてもらうようにしましょう。

なるべく保証会社を利用して、万が一のときにも家賃を確保できるようにしておきましょう。

家賃滞納にどう対処する？

前項でも書いたとおり、保証会社の保証さえ付いていれば、たとえ賃借人口座から引き落としができなかったとしても、保証会社が賃借人に代わって、大家さんに入金してくれるので、何ら問題ありません。また2カ月以上滞納が起これば、退去の交渉もやってくれますので、大変ありがたいのです。

問題は保証会社の保証が付いていない場合です。保証人がいたとしても家賃の催促はなかなか言い出しにくいですし、一筋縄でいくような話でもありません。保証人がいなければ、本人に家賃を催促しても、お金がなければ家賃を取ることはできません。さらに、一度、滞納を許してしまうと、どんどん滞納家賃が膨れ上がり、支払えない額になってしまいます。そうすると、大家さんの損失も大きくなりますし、賃借人の負担も大きくなってしまい、皆が苦しむことになります。そうならないためにも家賃を2カ月滞納したら、スパッと契約を解約し、退去してもらいましょう。冷たい対応と思われるかもしれませんが、大家さんの損害も最小限度で済みますし、賃借人の負担も最も少なく済みますので、これが一番愛のある対応なのです。

火災保険でさまざまなものがカバーできる

建物を天災や火災などから守ってくれるのが、損害保険、つまり、火災保険です。

火災保険は火災以外の損害も補償の対象となります。中古物件だと漏水などによる水漏れも想定されますが、これは火災保険の補償範囲です。強風や集中豪雨などの損害をカバーしてくれるので、修繕が必要になっても安心といえます。建物のあらゆる損害に対して補償がありますので、加入は必須事項です。

火災保険の補償範囲としては、次のようなものがあります。火災・落雷・風災・ひょう災・雪災・水災・破裂・爆発・盗難・飛来物による損害などです。

地震保険は火災保険に加入しないと入れないため、地震リスクに備えるには、まず火災保険の加入が必要です。老朽化による雨漏りなどには保険は下りませんが、台風や暴風雨で雨漏りした場合には保険で修理代が支払われます。

補償してくれる内容は、「こんなものまで？」というケースがあります。不動産投資で何かトラブルが起きれば、まずは保険会社に連絡をしてみて下さい。以前、私共の物件で庭に中身が空の物置があったのですが、台風の時にフェンスを壊して、道まで飛んでしまったのです。しかし、フェンスも物置も火災保険で直すことができたので、大変助かりました。

個人的には無条件でフルサポートの保険に入るのがお勧めです。わずかな保険料をケチって大損するというのはリスク管理できない人のやることです。

まとめ

物件を購入したら、そこからが本当の不動産投資のスタートです。不動産投資は株と違って、自分の力で物件の価値を上げ、収益力を高めることができます。

そのために行うのが物件の管理です。物件の管理は、不動産会社に任せることもできますが、管理費用がかかります。入居者の契約締結や更新、家賃の入金管理などの面倒な管理業務は不動産会社に依頼して、建物に関する管理は、自分でやることで、費用を抑えることができます。

見栄えがよく清掃が行き届いている物件は、借り手がつきやすい傾向があります。自分が清掃に行けない場合は、家族や親族に協力してもらいましょう。家族ぐるみで不動産投資をすることで、家族の絆も深まり、不動産投資のありがたみも共有できます。そして、不動産で幸せな人生を歩むためにも次から次へと不動産を買いまくっていきましょう。

第5章

収益が上がったら2軒目を買う（レベル4）

不動産投資の成功思考

～挑戦しないことを失敗しない確率100％という人がいるけど、それは違う。挑戦しないということは、成功する確率が0％と解釈するべきだ。

2軒目の収益不動産を購入しよう

収益を着実に上げて、2軒目の購入を検討するのが、レベル4です。2軒目、3軒目と物件を増やしていく際には、幾度となく金融機関から融資を受けることになります。

2軒目を探そう

1軒目と同じように、第3章で紹介した楽待などで探すのも良いのですが、他の不動産会社を回ってみるのも良いでしょう。物件を所有していない人が不動産会社に行って、「1軒目を探しています」と言っても素人だと思われ、真剣に相手にされないことも多いのですが、**不動産を1軒購入している実績があるので、2軒目からは話が**

早いでしょう。

もっともっと先の話になるでしょうが「今持っている収益物件を売りたいのですが……」などと売主として相談すると、さらに不動産会社が興味を持ってくれます。なぜなら、不動産業界は圧倒的に売物件が不足しているからです。

売買を仲介するのは、不動産会社にとって、売主からも買主からも手数料を得ることができて、オイシイ話です。もし、１軒目を買う時に、不動産会社に適当にあしらわれた人がいらっしゃったらぜひリベンジしてみて下さい。

１軒目と同じ不動産会社に頼んでも良いか？

自分に良くしてくれた不動産会社から、また買いたいという人も少なくないでしょう。しかし、その不動産会社が常に優良な物件を持っているわけではない、ということは考えておかなければなりません。

たとえば、A社は都市部の物件に強みがあるとか、B社はちょっと郊外の物件に強みを持っているとか、C社は区分所有に強いとか、何社か比較してみると、その会社の強みがわかります。**1社で決めずに比較検討すると良い**でしょう。

以前、僕の知り合いが最終的に1億2000万円の借り入れで新築マンションを中心に8棟買わされたのですが、そのすべてが収益が上がらない物件でした。不動産会社の営業マンに惚れ込んだ結果、そうなってしまったのですが、あまりに陶酔してしまうと、冷静に収益が上がるかどうかを判断できなくなります。その人のことを信頼して、どんな話でも乗っかることができるというのであれば、その人を信じて買っても良いと思いますが、人の意見には流されず、自分の判断で悔いのないように購入物件を選ぶべきです。

競売《けいばい》に挑戦してみる

不動産投資未経験の人が、その1件目として競売に挑戦してみる……と、いうことはおすすめできませんが、すでに何棟か持っているような経験者であれば挑戦してみても良いかもしれません。

競売は宅地建物取引業法に基づき行われる不動産取引とは異なり、民事執行法に基づいて行われる不動産取引ですので、意外とプロの不動産業者でも詳しくない方が多いです。私は競売不動産取扱主任者資格も保有しておりますし、この資格試験の名古屋会場の試験監督官を務めたこともありますのでそれなりに理解はしているつもりです。

競売物件とは、住宅ローンを滞納した人などの物件を債権者が裁判所に申し立てて、強制的に売却してしまい、その売却して得たお金を債権者に弁済してしまうという制度です。所有者の意思に反して売却されますので、人によっては猛烈な勢いで突っかかってくる元所有者もいます。

競売不動産の魅力は自分の希望する価格で入札に参加できますので（ただし下限はあります）落札できた場合は納得感のある金額で物件が取得できるという点です。

一方デメリットとしては、不動産屋さんが仲介に入っている訳ではないので、何があっても自己責任ということです。たとえば、裁判所は落札者に対して物件の鍵を引き渡してくれる訳ではありません。そのため、旧所有者を探し出して鍵を受け取るか鍵屋さんを呼んで鍵を壊して新しいものに付け替えるしかありません。他にも、落札後にも関わらず物件に旧所有者が居座り続けて出て行ってくれないとか、旧所有者の残置物が大量に有り処分に大金がかかるとか、そもそも処分に同意してもらえないとか……ありとあらゆるケースを想定しなければなりません。安く取得できてもこれでは面倒だなと感じる方は普通に不動産屋さんから購入することをお勧めします。これを楽しめる人でないと競売物件に手を出してはいけません。

競売の情報や競売に必要な資料は近くの裁判所に行けばもらえます。また、パソコンやスマートフォンからも見ることができます。

BIT　不動産競売物件情報サイト

https://www.bit.courts.go.jp/

また、競売になる前の不動産、もうすぐ競売になる物件を事前に知る方法も実はあります。これを利用すれば、競売になって一般の方の目に止まる前に、直接所有者のところに行って直談判して、競売が始まる前に購入できる場合もあるので、競合が少ないところで勝負でき、比較的良い条件で物件を取得できるケースもあります。事前に知るだけならそんなに難しくは無いのですが、実務として、所有者との交渉→債権者との交渉→不動産屋を通すか通さないか→融資を受けるか受けないか→契約→決済とハードルは高いので、所有者との交渉が自力で上手くいったとしても、競売に詳しい不動産屋さんに入ってもらった方が間違いは少ないと思います。更に購入後にそのままその旧所有者に住んでもらい家賃をもらうようなリースバックになるケースも結構ありますので、そうなってくると更に、保証会社の審査や賃貸契約書の作成などの業務が増えますからなかなかの労力がかかります。

　競売になる前に今後競売になっていく物件を知る手段は本書のテーマとは異なりますので、また別のセミナーや講演会などでお話しさせて下さい。

外国人の入居を受け入れる

保有物件が増えてくると外国人の方に住んで頂くケースも出てくるかと思います。入居者募集で注意しなければならないのは、「外国人や高齢者お断り」などのように特定の方だけを除外して募集することです。このような募集することは日本国憲法において禁止されています。未だに外国人NGと堂々とうたっているトンデモない不動産屋さんや大家さんがいますが、僕の会社では当然、外国人OK！　弊社スタッフには英語堪能者が3名いますので、安心してご相談頂けます。

しかし、外国の方は日本と生活環境も文化も異なります。そうした文化の違いがトラブルになるケースは確かにあります。そういったときにどう乗り越えるのか、解決するのかを楽しむ寛大な心が必要です。

大人数で集まって、大騒ぎする文化の外国の方もいました。予測できないことがたくさん起こるのが、大家業の大変さであり、面白さです。

収益物件を持っている方でも、外国の方は入居者としてどう対応していいかわからないという人もいますが、僕は特に気にしないので、どんな方でも受け入れています。外国の方とは文化が違いますし、言葉の壁がありますが、悪意のある方はそんなにいません。不測の事態が起こっても頭ごなしに怒るのではなく、こちらも少し歩み寄らなくてはいけない部分もあると思います。最近ではゴミの分別方法を各国語で書かれたチラシなどが役所に置いてあります。そのチラシを物件に貼ったりして、日本のゴミ分別のルールを伝えることも大事です。**最初から拒否するのではなく、伝えるべきことはきちんと伝えましょう。**

また、近年では社員の大部分が外国人の企業も増えてきました。そうした企業が従業員の社宅として物件を借りてくれるケースもあります。そうした場合には、会社を通じて、ゴミの分別などのルールを教えてもらい、ルールを守らない人には会社を通じて注意してもらうのも効果があるでしょう。

また、入居者が帰国したまま、日本に戻ってこなくなるというケースもあります。室内の家財道具は入居者の所有物ですので、オーナーが勝手に処分できません。処分するには法的な手続きを踏む必要があり、面倒です。日本国内の保証人や緊急連絡先を確認しておくことをオススメします。

外国人専用の保証会社というのもあります。サポートデスクが通訳をしてくれるそうなので、言葉が通じない場合はサポートデスクに介入してもらって、問題を解決しましょう。僕は、現在までに外国人入居者だからといって、特に困ったことは起きていません。単に気にしていないだけで、たくさんあったという声もありますが（笑）過度に恐れることなく、日本人と変わらない不動産サービスを提供しましょう。

貸した物件が違法風俗店に

外国人といえばこんなことがありました。ある日、全く付き合いのない不動産賃貸仲介会社の外国人営業マンさんから電話がかかってきて、弊社保有のビル（住居系）に高齢の新婚さんが住みたいのだけど高齢でもいいかな？　と相談を受けました。当然、弊社はそんなことでお断りはしないのですが、彼らの個人情報を見たらどうにもこうにも不自然なことだらけなのです。

第一に70歳代の男性と60歳代の女性。もちろんこの歳で結婚することもあるでしょうが、二人の住んでいる場所が全然違う地域なのです。どうやって知り合ったのか疑問でした。しかも、弊社の物件は、二人が今住んでいる地域からそれぞれ1～2時間も離れているのです。つまり弊社物件に住む合理性が全くない二人なのです。しかも奥様になる方は、この物件からだと通勤に2時間はかかります。往復4時間もかかる場所には普通住まないでしょう。ちなみにご主人になる方は仕事をしていないのです。保証会社の審査は通ったものの、完全に怪しいので仲介業者に事情を聞きました。

仲介業者に聞いてみると……

僕「今住んでいるところと全然違う場所に住むことになるけどいいの!?」
仲介業者（以下、仲）「新婚さんなので気分一新でいいんじゃないっすか!?」
（なんかこの仲介業者さんの言葉づかいも気になるんだよな）
僕「奥様になる方の通勤に2時間くらいかかりそうだけどいいの？」
仲「車だったら意外と早いらしいっすよ！」
（「っす」っていい方やめろ。友達じゃないんだから）
僕「とりあえず入居してからでもいいので、結婚したら住民票提出してもらってもいいでしょうか？　本当に夫婦になったか確認させて頂きたいです」
仲「いや、なんか婚姻届は出さないみたいっすよ！」
（じゃあ新婚さんじゃないじゃん。嘘くさい）

なんか怪しさ爆発でしたが、審査も通ったし色んな人生の方がいるからまあ、いいかなと思い契約しました。

しばらくたってからそのビルの他の住民さんから、最近、薄着でセクシーなアジア系のお姉様方がよく出入りするという連絡が入りました。

（アジア系の外国人の方と契約はしてないのだけどな〜？　なんだろう？）

と、思うだけで気にもとめてなかったのですが、それから数カ月したある日友達からこんな電話がありました。

「細川の持ってるビルに違法風俗店出来てない!?」

（なに〜!?）

確かにネットで検索すると弊社保有のビル5階に看板こそ上げてないけど謎の違法風俗店と思われるお店の名前が。

例の怪しい老人新婚カップルに貸した部屋です。

「なんだこのメンズエステ○○って！　しかも評価が4・3と意外と高い!!

いや、そんなことはどうでもいいんだけど、これってどうしたらいいんだろう？」

一度お客のフリして行ってみるか…いや、そんなことしたら会社のみんなから変態のレッテルを貼られるかもしれないし、万一潜入捜査した時におまわりさんの捜査とかとバッティングしたら大家なのに自分の物件に出来た違法風俗店に通うイタいヤツだと思われるのはキツすぎる……。

警察官立ち合いで解錠

などと、色々考えてはみたものの行動がとれずにいました。そんなタイミングで、ちょうど家賃保証会社から電話がかかってきました。「例の怪しい老人の新婚カップルの家賃が最近入ってないし、現地に行っても人がいる気配がない。万が一、部屋の中で倒れていたら大変なので警察と大家さん立ち会いの上、現地解錠して室内を見てみたい」と言われました。これは願ったり叶ったりで、僕も見てみたいと思い、蟹江警察に連絡しておまわりさん立ち会いのもと現地に突入すると、女性が生活していたであろう布団やぬいぐるみと、食べ物がそのままになっている冷蔵庫、それにエッチな施術をするためにあったのであろう施術用ベッドがありました。

おまわりさんに「やられたね。あんたも気の毒だ」そういって慰めてもらった記憶があります。

なぜ、違法風俗店になったのかその本当の理由はわかりません。私が考えるに恐らく、お金に困った老人二人が夫婦になるフリをして契約し、それを違法風俗の経営者に又貸ししていたのではないかと思っています。仲介業者にも文句を言いましたが、全然知らなかったとのこと。忘れもしない２０１７年のクリスマスイブのお話です。

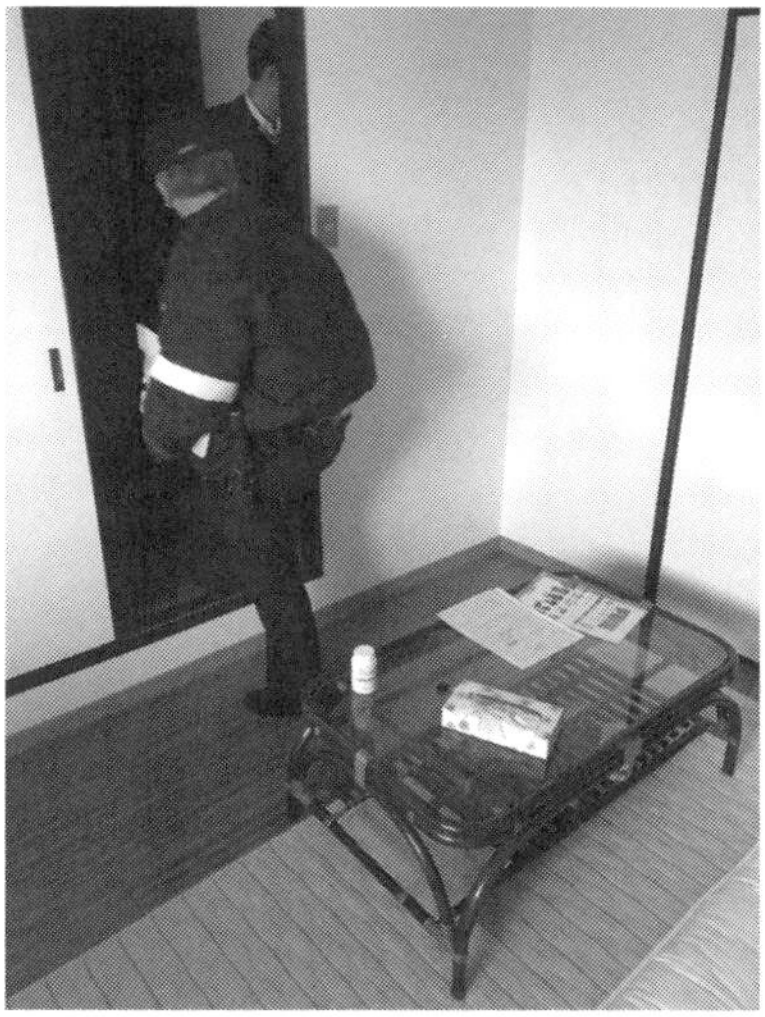

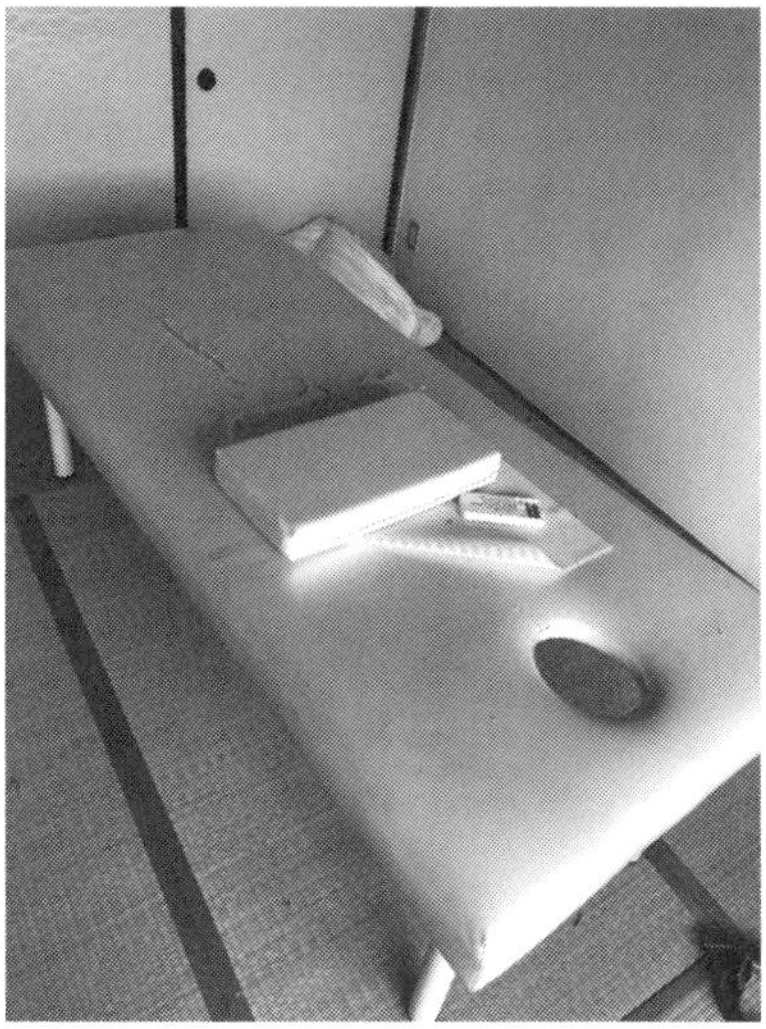

【当時の写真】

第5章

まとめ

1軒目の物件の収益力を上げて、安定して家賃収入を得られるようになれば、2軒目を検討しても良いでしょう。1軒目を軌道に載せたノウハウがあれば、2軒目も同じようにすれば成功する確率は高いのです。1軒目の不動産投資の実績によって、金融機関からの信用もできます。ローンの審査も1軒目よりは楽になるはずです。

また、ひとつ保有しているということは不動産会社からも実績を評価してもらえます。実際に不動産を購入し、投資に成功している人と、不動産投資をまったくやっていない人とでは、どちらが優先されるでしょうか？　もちろん、不動産投資の実績がある人です。

2軒目もきちんと入居需要を見極めて、購入を検討するようにしましょう。1軒目に成功した物件を紹介してくれた不動産会社に必ず依頼する必要はありません。複数の不動産会社を回って、収益が上げられそうな物件を探しましょう。

第6章

2軒目から始める複数所有（レベル5）

不動産投資の成功思考

税金の節約だけを考えている人は本当の利益を得られない。自らの上限を決めて成長の足かせとしている。

複数物件を保有することのメリット

2軒目取得に成功したら、**いよいよ本格的な大家さんです。**着実に1軒ずつ増やして、毎月の収益を確実に上げていきましょう。

複数物件を所有することで、不動産投資のリスクを減少させることができます。収益のブレを減らすということです。

たとえば、区分所有のマンション1部屋を持っていて、入居者がいれば家賃収入は毎月確実に入ります。しかし、その入居者が退去すればその途端、家賃収入はゼロになってしまいます。ローンの返済には自分の持ち出しが発生しますし、空室が長く続けば、不動産事業を続けることが難しくなることもあります。

ところが、3部屋持っていれば、1部屋空室になっても、2部屋から家賃収入が入りますのでゼロにはなりません。ゼロにならなければ、ローンの返済にも困りませんし、不動産事業を続けていくことができます。ローンの返済を続けていくことができるということは、いずれ完済できますのでさらに経営が楽になります。これが複数物件を所有することのメリットです。もう一つのメリットは、所有する物件が増えることで、より多くの融資を受けられるようになることです。投資効率がさらに良くなります。

複数の物件をどこに買うのが良い？

1軒目の物件と2軒目の物件の距離は、自分の家から近いほうが気軽に自分も見に行けるし、同じ不動産会社に管理を依頼することができるなどのメリットを活かすことができます。

ただし、近くなくてはいけないことはありません。自宅の近くや1軒目の物件の近くでなくても、仕事などで訪れていて、入居需要を把握しているなど成功への道筋が見えているケースならば遠方でも良いでしょう。

一方、自分で管理をしたいとか、同じ不動産会社に管理を依頼したいという場合であれば近くで持つほうが良いでしょう。

個人投資家の人で、同じマンション内に何部屋も買う人がいます。しかし、リスクを分散するという観点では良くないと思っています。その地域の入居需要が急激に減った場合に対応できませんし、物件で火災が起きたり、地震が起きたり、自殺などが起きたら避けようがありません。

たとえば以前、高層マンションで次のような事件がありました。この物件は3階がルーフバルコニーなっている物件です。ところが、最上階から飛び降り自殺があり、3階のルーフバルコニーで墜落死してしまいました。つまり、ある日突然、いきなり事故物件になってしまったのです。不動産は自分のミスではなく外部的要因で急激に価値が落ちる可能性があるということを認識していなければなりません。

物件の価値はさまざまな要因で急激に下がります。同じ物件に複数の部屋を持っていると、その影響はすべての部屋に及んでしまう場合もあるのです。

東京、大阪、名古屋の三大都市圏を狙う

不動産の相場観でいえば、かなりザックリではありますが東京の半分ぐらいの価格が大阪です。そして大阪の半分ぐらいの価格が名古屋だと僕は考えています。ですので、1億で不動産投資をしようとしても、東京より大阪だったら倍の広さの物件が買えますし、大阪より名古屋だったら東京の4倍ぐらいの広さの不動産が買えます。逆に利回りは、同程度の規模・立地であれば、名古屋＞大阪＞東京となっているケースが多いように思います。つまり、同じ金額を投資しても安い地域の方がリスクを分散し、かつ高い収益を確保できるのです。

たとえば、僕が住んでいる名古屋は中心に行くほど人気があり、名古屋駅に近ければ近いほど入居需要が高いエリアになります。**名古屋の繁華街である「栄」やオフィ**

ス街である「丸の内」、商業地である「伏見」あたりに良い物件があれば、購入を検討しても良いでしょう。

路線でいうと、愛知県は地下鉄東山線沿線が人気です。名古屋駅、伏見駅、栄駅が通っていて、名東区というベッドタウンとつながっています。たくさんの繁華街を通り、3分に一度電車が来るという利便性の高い路線です。

東京や大阪などの大都市以外のファミリー向けの物件の家賃は、全国ではあまり差がないともいわれています。つまり、田舎のほうが不動産を安く買えて、平均的な家賃収入を得ることができます。先ほど申し上げたとおり、安い地域（田舎）の方が少額投資で儲かるのです。

一方で、田舎だと物件を管理するための目が届きにくいという問題があります。しかし、田舎が故郷で土地勘があるのなら、投資することは悪い選択肢ではありません。

僕は故郷が淡路島なので、親戚もいます。土地勘もありますし、入居需要もわかります。つまり、どの地域が需要が多く、どの地域が需要が少ないかがわかります。

以前、淡路島で分譲用の大きな土地を買いました。3000万円です。1000万円かけて造成工事をし、６つの区画に分けて工事しました。そして、そのうち４区画を４０００万円で売りました。残り2つの区画が残ったところに、父親と母親が住んでいます。つまり、実家をプレゼントしたのですが、それもこれも広すぎるということでお値打ちに土地を買えたことと、土地勘のある地域だったので、うまく売ることができた芸当です。田舎に土地勘がある人は、地方に物件を購入することを検討しても良いかもしれません。

物件周辺の夜の顔もチェック

どんな地域も、昼と夜とで雰囲気が違います。購入を決める前に昼の街の雰囲気と夜の街の雰囲気、両方見ておきましょう。

たとえば、昼間は閑静な街なのに、夜になると開店する飲食店やバーなどが物件の周辺にあり、うるさかったり、その影響で治安が悪い場合もあります。また、駅から物件への道もチェックしておきましょう。昼は雰囲気が良くても、夜になると街灯が少なかったりして、雰囲気が悪い場合があります。そうした要素も収益に関わってくるので確認が必要です。

災害の恐れがある地域の物件は買うべきか？

海抜が低かったり、雨の量が多いと土砂崩れが考えられたりする地域、地震が起きると津波の心配がある地域などの物件は、安くても購入しないほうがいいでしょうか？

災害が気になる人は買わなければいいと思います。個人的には購入してもいいし、購入しなくてもいいと考えています。

愛知県では、海抜ゼロの土地がたくさんありますし、高低差のある地域もあります。故郷の淡路島は阪神淡路大震災もありましたし、海に囲まれています。僕はどちらの街も大好きですし、入居需要も十分あります。どんな地域でも保険にしっかり入って防災の備えをしっかりして保有する（住まう）とよいのではないでしょうか。

三大都市圏以外の投資エリアを狙う

前述したように、東京・大阪などの大都会を除いたその他の全国地域では、ファミリー向け物件の家賃はあまり差がないと言われています。どういうことなのかと言いますと、そこそこの都会とまあまあの田舎ですと売買代金はそれなりに差がありますが、賃料の差はそこまでないということです。つまり、そこそこの都会より、まあまあの田舎の物件の方が、投資額が少なく利回りが高いということです。

田舎は過疎化が進んで需要がないとよくいわれますが、需要が少ないだけで、まったくないわけではありません。住みたいという需要はもちろんあるのです。**需要が『ない』と『少ない』とではまったく違います。**

条件さえそろえば、田舎の方が儲かりやすいということを念頭に置いて物件選定をしましょう。

築年数で購入する物件を分ける

不動産の購入を検討する際は、築年数もキーポイントとなります。特に、中古物件の場合、見えない欠陥があったらどうしようという不安を感じる方も多いでしょう。仮に問題が潜む物件だったとしても、素人が見抜くのは困難です。そのため、中古住宅の購入には慎重を期さなければなりません。

そこで、素人でも判断できるシンプルな目安のひとつで「新耐震基準」の物件を選ぶと良いいいかもしれません。

1981年6月に建築基準法の耐震基準が変更になりました。それより前に建てられた建物が「旧耐震基準」、それ以降に建てられた建物が「新耐震基準」となります。

新耐震基準の建築認可を受けた建物は、マンション・戸建てともに震度6強から7（阪神淡路大震災と同程度の地震）でも倒壊する恐れが少なく、震度5強程度なら、ほぼ損傷しない強度のものです。

つまり中古であっても、1981年6月以降に建てられたものを選べば安全性は高く安心というわけです。また、新耐震基準以降の物件を買う場合のほうが融資が通りやすいので、安全面でもお金の面でも有利に働きます。楽待などのサイトでも、新耐震以降・以前という検索の仕方がありますので、機会があれば見てみて下さい。

これらを踏まえたうえで、どの築年数がいいか考える場合も、自分の財力や考え方により、どこが狙い目なのかはまちまちです。新築が好きな人、築10年、20年、30年、40年超を狙う人。東京ですと築40年、50年でもリノベーションをしているところも多くありますので、その辺を狙う層もいらっしゃいます。

古くなればなるほど手は掛かりますが安く買えます。新しいと高額になりますがリスクは少なくなります。皆さんのお考え次第でどれが正解というのはありません。

なぜなら、どの層の投資家でも成功している人はいますし、失敗している人もいるので、どうやって儲けていくかは自分なりの戦略を持つことができるかどうかにかかっているのです。

築30年ぐらいの物件が良い

ちなみに僕は、できれば購入するのは築30年ぐらいが良いと思っています。

比較的安くなってますし、10年保有後も売却できる可能性もあり、融資も付きます。不動産の面白い所は「若返り」が可能な所です。人間は若返ることはできませんが、不動産は築30年の物件を売って、築20年の物件に買い替えれば、10年若返ることが可能です。常に自分の得意年齢の物件を保有しておくことが、ミスの少ない賃貸経営につながると思います。不動産の価値の捉え方は人によって違いますので、その物件に価値があると思う人に譲っていけば良いと思います。

なお、反復継続して不特定多数に生業として不動産を売買するためには、宅地建物取引業の許可が必要です。

第６章

まとめ

２軒目の不動産投資にも成功したら、より多くの複数物件の所有にも挑戦してみましょう。複数物件を所有するときには、１カ所の物件で複数の部屋を持つことは避けたほうが良いでしょう。なぜならば、その物件に何かあったら、すべてが終わってしまうからです。たとえば、自殺や火事などの事故が起きたときに同じところに集中して物件を持っているとすべての物件の価値が下がってしまう可能性があります。場所や物件のタイプを分けて、リスクを分散しましょう。

東京、大阪、名古屋の三大都市圏で所有するのも良いのですが、三大都市圏以外の地方でも、ファミリー向けの物件であればどの地域でも家賃はほぼ同じです。地方のほうが稼ぎやすいかもしれません。

また、複数所有する物件はずっと所有し続けるのではなく、長く保有したあかつきには売ることも考慮に入れましょう。

第7章

出口戦略を考える（レベル6）

不動産投資の成功思考

損得勘定が好きなのに、損得勘定が下手な人が多すぎる。

いつ売るか、そのまま保有するか？

レベル6は、不動産投資の出口戦略について考えていきます。皆、ここの想像力の欠如から失敗するのです。不動産を持ち続けることも大事ですが、売り時が来たら、売るという考え方も大切です。それを実践するのがこのレベルになります。

保有物件をいつ売るのか、それとも一生持つのか……？　その決断はなかなか難しいと思います。**僕は自宅だろうが自分の会社の事務所だろうが簡単に売ってしまうので、あまり悩むことはありません。**古くなったら売って新しい物件を持つことができますし、手元資金を作りやすいからというのが理由です。建物は古くなるほどコストがかかりますので、特定の不動産に執着せずに、手放せる時に手放すというのが僕のスタンスです。ただ、駅前や街中の好立地物件は賃貸需要が下がらないので、ずっと持っていても良いと思います。

よく素人大家さんが、アパート経営で失敗する話を聞きます。**アパートを建てて失敗する例でありがちなのは、先祖代々の土地に建てるケースです。**これは、せっかく先祖が残してくれたのだからと、不動産に執着したことが原因であることが多いです。先祖代々の土地がたまたまアパート向けの立地にあれば良いのですが、そうではないケースも多々あります。先祖代々の土地があるから活用しようとしても、それはあくまで大家目線であって、お客様目線ではありません。そのため、アパートを建てても儲かるはずがないのです。

先祖代々の土地ということで、維持することが大変な不動産でも手放せず苦労している地主の姿もよく見かけますが、ご先祖様は子孫を苦しめるために不動産を残したわけではありません。

子孫が豊かで楽しく暮らしていけるように残した土地なので、苦しむような不動産であれば手放してしまうことは決して悪いことでも、ご先祖様に顔向けできないことでもないと思います。売ったことで罪悪感があるのならば、また別の土地を買って幸せになりましょう。

わらしべ長者のようにどんどんランクアップをしていったほうがご先祖様もきっと喜ぶに決まっています。買い手がいないと売ることはできませんが、買い手はいつ現れるかわかりません。皆さんも、手持ちの物件を今すぐ「売り」に出してみてはいかがでしょうか？

個人事業主のままか、法人化するか

不動産投資は、「大家業」という事業ですので、個人事業主として行うか法人化するか悩む方も多いかもしれません。実際にその選択は難しい部分がありますので、正解はないのですが、僕の考えを述べておこうと思います。

最初のうちは個人事業主として不動産を買っていけばいいと思いますが、ある程度収入が増えていくと、法人税よりも個人で支払う税金のほうが高くなるタイミングがありますので、その段階で法人化を検討してもよいでしょう。

法人の設立は以前よりも手続きが簡素化され、自分でもできるようになりました。ただし、手続きや書類作成が面倒な人は司法書士などに依頼してもよいかもしれません。なお、主な法人の形態には株式会社と合同会社があります。

これは個人の目標や事業計画にもよりますが、そんなに物件をもたずに副業レベルで不動産投資をする予定であれば個人事業主のままでいいですし、大きく広げていく計画があるのならば最初から法人化しておいたほうが法人のメリットを受けることが可能です。法人化することの最大のメリットは節税です。

日本の個人の所得税の税率は所得が増えれば増えるほど、税金が高くなる累進課税制度です。会社員の方は、給与所得と合わせて不動産投資から得た不動産所得を合算した上で、総合的に課税されるので、不動産収入が増えるほど税金は増えてしまいます。

しかし、法人の最高税率は個人よりも低く設定されています。また、個人ではなく、法人にすべて不動産を所有させることで、不動産投資から得られる所得はすべて法人に入ることになります。個人と法人で所得を分散することで、税率は低くなります。さらに親族を法人の社員にして、法人から報酬という形で、所得を分散させることで、税額をさらに低くすることができるのです。

不動産投資を勉強するための本やセミナー、不動産会社との打ち合わせの飲食代、物件を見るための交通費などが必要経費として認められているようですが、本当に必要経費として認められるかは税理士とよく相談したほうがよいでしょう。

不動産投資で赤字が出ることは、変な物件を買わない限り、ほとんどありませんが節税目的でわざと赤字にしてしまう人がいます。しかしそれでは経営がうまくいっていないということになりますので、融資面ではマイナスになってしまいます。

しっかりと利益を出してきちんと納めるべき税金を納めて、健全経営を目指しましょう。そうしたほうが、融資戦略上でも有利になります。

また、法人化しておけば、相続の際に手続きは簡単です。将来の相続を見据えているのであれば、法人化を視野に入れておきましょう。

免許を取って不動産会社になるか？　大家として続けるか？

大家業をするのに、宅地建物取引業免許は必要ありません。しかし、本格的に不動産業を目指すのであれば、免許を取ったほうがメリットが大きいでしょう。

免許を取ると他人の物件の売買の仲介などが自分でできるようになります。不動産売買の仲介手数料で家賃以外の収入増にもなります。

宅建業の開業にかかる費用は一概には言えませんが、２００万円～３００万円程度あれば、もろもろの経費を含め、宅建業を開始できます。

第7章

まとめ

取得した不動産をよい売り時で売ることを考えておくことは重要です。あくまでも事業なので、収益が上がらない物件をいつまでも所有しても仕方がありません。高く売れるタイミングがあれば売却して、そのお金を次の購入資金に充てましょう。

不動産収入が一定のレベルを超えるようであれば、税金のことも考えなければいけません。不動産事業で得られる所得をすべて法人に移すことで、所得を分散することができます。また、法人から報酬という形で自分や親族に給料を支給することで、さらに所得を分散できることになり、節税することができます。節税し過ぎて赤字にならないよう健全経営を目指しましょう。

また、宅建業の免許を取得することも視野に入れるとよいでしょう。免許を取ると不動産の仲介ができます。仲介コストを下げたり、仲介手数料で売り上げを得たりすることもできます。

第8章

一流の不動産人《びと》になる（レベル7）

不動産投資の成功思考

君の残りの人生を不動産で人の役に立つために使ってほしい！

一流の不動産人《びと》に共通する考え方

最終章となる第8章では、一流の不動産人になるための思考を紹介していきます。

ペットの多頭飼いの方や生活保護の方の事例を紹介させていただいていますが、僕は基本的に、不動産を通じていろいろな方の受け皿になることができれば幸せだと思い日々活動しており、**誰かの助けになってこそ、一流の不動産人だと思っています。**

先日、僕の会社の過去の取引履歴を見ていたら、売主の方には意外な共通点がありました。それは高齢の方や大病を患っている方が多いということです。

恐らく、動けるうちに保有している不動産を処分して現金にしておきたいという事情があるのだと思いますが、できるだけご意向に沿えるよう手助けするように努めています。そういう方々は、時間をかけて高く売るよりも、スピーディーに現金化したいという人たちなので、買ってくれる人を探すよりも、可能な限り僕が買うようにしています。不動産で儲けようと思うのならば、次のような考えを持つことが非常に大切です。

困っている人がいる（問題）
←どうすればその人を助けることができるか考える（解決方法の模索）
←解決策を実行する（行動）
←お助けすることができる（感謝）
←対価を得る（利益）

最後の「対価を得る」ということだけを前提として動く方が多いと思いますが、そこだけを目指すと、一時的に儲けることができるかもしれませんが長続きしません。いずれ不動産投資もつまらなく感じてしまうでしょう。

不動産投資は「どうやって儲けよう？」だけでは売り上げを上げることはできません。どうすれば人の役に立てるだろう？　どうやれば困っている人を助けられるだろう？　こうした思考から利益は発生します。どんなビジネスでもこの流れは変わりませんので、あなたが今、利益第一主義になってしまっているようなら、**目線を自分ではなく相手に変えれば、新しい世界が見えてくるかもしれません。**

たくさんの人と交わる

僕には、昔お世話になった学校の先生がいます。学校の先生という職業は、毎年新しい生徒が入ってきて、何百人何千人という生徒を送り出し、その数以上の親と会わなければいけません。とにかくたくさんの人と交わるお仕事です。先生がご退職され、先日、僕に「実家を売りたい」という相談がありました。たくさんの知人、教え子、父兄の中から、自分を選んでくれたというのがすごくうれしくて、不動産業をやっていてよかったと思う瞬間でした。これまで出会いのすべてに感謝していますが、先生のような方からの相談というのは、なおさらうれしいものです。皆さまもひとつひとつの出会いを大切にしていただきたいと思います。

不動産投資に必要な社交性

よい人間関係を築きたいのであれば、引きこもっていたらチャンスはありません。よい人間関係を築くことができれば、ビジネスチャンスも生まれますので、積極的に外にでていくことをオススメします。不動産ビジネスは社交性がないとうまくいきません。

僕はテーマがあれば話すことはできますが、知らない人と会話をするのが苦手です。しかし、頑張ってなるべくたくさんの人と会って会話をするようにしています。たくさんの人に会うことによって、何年か後にでも僕の顔を思い出していただき、不動産の相談をしにきてくれるかもしれないからです。

よく銀行主催の取引先企業を集めた立食パーティーに誘っていただくのですが、行きたいか、行きたくないかと言われれば、できれば行きたくありません。しかし、それではダメだということがわかっているので、手帳を見てスケジュールが空いていたら絶対に行くようにしています。

ところが、行ったところで名刺交換するでもなく、怖いから一人で隅っこにいます。そうすると、見兼ねた人が寄ってきてくれたり、銀行さんがそんなところにいないで紹介しますと言って、その場にいらっしゃる方を紹介してくれたりして、そこで初めて名刺交換することができるという始末。そこから何か広がるかと言われれば特に何も広がらないのですが、１００人くらいに会えば、１人くらいは不動産の話を聞いてくれるものですので、こうした地道な活動を繰り返していくうちに、何らかの芽が出てきます。誰かに何かをお願いしたいとき、どうせならば知っている人にお願いしたいと、自分の人脈から適任者を探すのが人間というものです。

先日、何年か前にお会いした社長さんから、初めて名古屋法人会のビジネスセミナーの講師の話をいただき、不動産について講演させていただきました。こうして人前で話すことで、またそこで何かしら広がりができていくのだろうと、非常にありがたく思いました。

どんなに人と話すことが苦手でも、とりあえず顔を合わせ同じ場所にいれば、人は、人と人をつないでくれるので、死ぬまでに何人と出会えるかというところがとても大切だと思います。

最近は人生100年と言われていますが、一生でボヤッと生きていて出会うことができる人数の平均は、約1万人だそうです。自分の努力で2万人、3万人と増やし、頑張れば10万人に増やすこともできます。ですが、パイは多いほうがいいので、1万人知り合いがいる場合と、10万人いる場合では、どちらが仕事をもらえる確率が上がるかといえば、10万人知り合いがいたほうが、10倍仕事を多くもらえることになります。無理矢理人に会って話してこいとは言いませんが、とにかく顔を合わせる努力をしても損はないのではないかと思います。そうこうしているうちに、意外な方面からお声がかかるなんていうこともあるかもしれません。

もちろん会うだけではダメです。愛される人柄でなくてはいけませんので、日々、自分自身の人間力を磨く努力を怠ってはいけません。

第8章

まとめ

どうやって儲けるかということだけを考えていては、利益を継続させることはできません。不動産投資は「どうすれば人の役に立てるだろうか？」「どうすれば困っている人を助けられるだろうか？」こうした思考から利益が生まれます。人間が生きていく上で、大切な衣食住。その中の一つである「住」は、その人のライフスタイルによって、ひとつとして同じものはありません。

そうしたライフスタイルに基づく住まいのニーズをひとつひとつ、拾い上げて、ニーズを満たせるような不動産を見つけたり、アレンジしたりするのが、不動産業の真髄です。ニーズを見極めるためには、困っている人を助けたいという意識が必要になるのです。

また、たくさんの人の役に立つためには、ある程度の社交性も必要です。ひとりでもたくさんの人と出会ってひとりでも多くの人をお助けしてあなたも一流の不動産人になって下さい。

おわりに

最後までお読みいただきありがとうございました。

何をするにも必要な概念だと思いますが、僕は損得ではなく、正しいか正しくないかで物事を判断するようにしています。損得で判断する人は正しい判断をできず間違いなく嫌われますので、何事も損得勘定はぬきにして動くことをオススメします。

そうかといって大損してしまうことは問題外ですが、多少の損であれば、善悪で判断するようにして、その上で人と付き合えばよい関係を築くことにつながるというのが僕の信念です。

たとえば人から紹介され、その人の困りごとを解決すれば、その件でたとえ儲からなかったとしても、次はこちらの利益になるような話を持ってきてくれるはずです。

僕は、知り合いの知り合いはみんな知り合いだと思っているので、「全員ハッピーになればいいじゃん」という考えを持っています。

世の中のビジネスというのは、そうして持ちつ持たれつで成り立っているのではないでしょうか。

不動産屋はお客様から『ありがとう』を言っていただいた上に『お金』もいただけて、さらには自分が携わった不動産が『地図』に残ります。こんな幸せな仕事は他にないと思っています。自分が死んだ後も自分が携わった物件たちが地図に残り、その不動産でたくさんの家族が幸せに暮らしたり、その不動産でたくさんの人が働いているかと思うと何物にも代えがたくうれしい気持ちになるのです。

2023年11月

細川　勝矢

細川勝矢（ほそかわ・かつや）

1975年、兵庫県生まれ。中京大学を卒業後、25歳のとき入社した会社が、わずか入社2ヵ月半で倒産！転職活動に奔走し、ハウスメーカーで4年、不動産会社で4年、修業しながら多くの経験を積む。不動産業界の閉鎖的な雰囲気を明るくオープンなものに変えるべく、2008年、株式会社不動産SOSを設立。「任意売却や相続、競売代行など、難しい案件にも対応できる不動産のプロ集団！」というのが会社の売り。女性が多く、やさしく、明るく、楽しい、街の不動産屋さんとして成長を続けている。明るく気さくな人柄で、勉強や努力を惜しまず、新しいことに挑戦する姿勢がモットー。著書に『超感覚的！不動産のことがどんどん好きになる本』（現代書林）がある。

株式会社不動産SOSホームページ
https://fudousan-sos.com/

知識ゼロ、資産ゼロから始める
誰も教えてくれない
不動産投資

2023年11月20日　初版発行

著　者　細川勝矢
発行者　野村直克
発行所　総合法令出版株式会社
〒103-0001 東京都中央区日本橋小伝馬町15-18
EDGE小伝馬町ビル9階
電話　03-5623-5121
印刷・製本　中央精版印刷株式会社

落丁・乱丁本はお取替えいたします。

ISBN 978-4-86280-894-3
総合法令出版ホームページ　http://www.horei.com/